George Bernard Shaw

萧伯纳 传

Gilbert Keith Chesterton

[英] G.K.切斯特顿 著　曾宪坤 译

U0131532

台海出版社

图书在版编目 (CIP) 数据

萧伯纳传 / (英) G.K. 切斯特顿著；曾宪坤译 . -- 北京：台海出版社，2023.9

ISBN 978-7-5168-3609-5

Ⅰ. ①萧… Ⅱ. ① G… ②曾… Ⅲ. ①萧伯纳 (Shaw, Bernard George 1856-1950) – 传记 Ⅳ. ① K835.615.6

中国国家版本馆 CIP 数据核字 (2023) 第 139431 号

萧伯纳传

著　者：[英] G.K. 切斯特顿	译　者：曾宪坤
出 版 人：蔡 旭	责任编辑：戴 晨

出版发行：台海出版社

地　　址：北京市东城区景山东街 20 号　　邮政编码：100009

电　　话：010-64041652 （发行，邮购）

传　　真：010-84045799 （总编室）

网　　址：www.taimeng.org.cn/thcbs/default.htm

E - m a i l：thcbs@126.com

经　　销：全国各地新华书店

印　　刷：北京金特印刷有限责任公司

本书如有破损、缺页、装订错误，请与本社联系调换

开　　本：880 毫米 × 1230 毫米　　1/32

字　　数：150 千字　　　　　　　　印　张：7.25

版　　次：2023 年 9 月第 1 版　　　印　次：2023 年 9 月第 1 次印刷

书　　号：ISBN 978-7-5168-3609-5

定　　价：49.80 元

大多数人，要么赞同萧伯纳，要么理解不了萧伯纳。

我是唯一能理解他但不赞同他的人。

—— G.K. 切斯特顿

序言的问题

作为这部粗略研究的作者，我在一开始就遇到了一个特殊困难。许多人知道萧伯纳主要是因为，即使是一部很短的剧本，他也会写很长的序言。这一做法暗含了一个真相，即他确实是一个"有言在先"的人。他总是在事件发生前就给出解释，不过，《约翰福音》也是如此。萧伯纳认为，对于神秘主义者、基督教徒和异教徒（对萧伯纳最贴切的定义就是一个异教徒神秘主义者）而言，关于事实的哲学是先于事实本身的。在一定时候我们知道了"道成肉身"，但起初我们只知道"化身"这个词[1]。

这给许多人造成了一种印象，他们认为序言是一种不必要的准备，是冗长的啰唆话。但事实是，萧伯纳的思维非常迅捷，这使得他似乎迟迟说不到点子上。他说话长篇大论，是因为他头脑

---

1 原文"incarnation"，兼有"道成肉身""化身"之义。

机敏。思维迅捷可能使得一个作家迟迟达不到他的目标，就像眼神锐利可能使得一个司机迟迟到不了布莱顿[1]。一个原创型作家在提到每一个典故或者明喻时都不得不停下来，重新解释历史的相似之处，重新塑造失真的话语。而一个普通的社论主笔（我们暂且这么说）却可能既快速又流畅地写下这句话："清教徒叛乱[2]中的宗教元素虽然敌视艺术，却能使这场运动避免法国大革命中出现的一些道德层面的罪恶。"而像萧伯纳这样对一切事物都有自己见解的人，会把这句话写得既冗长又破碎。他会这样写："宗教（我所解释的宗教）元素，在清教徒叛乱（被你完全误解了）中，虽然敌视艺术（我所说的艺术），却可能使这场运动避免了法国大革命（对此我有自己的看法）中出现的一些道德（我马上给你定义）层面的罪恶（记住我对罪恶的定义）。"这是一个真正的普世怀疑论者和哲学家最糟糕的地方，太啰唆了。他的思想之林阻塞了他的道路。但是，一个人必须在大多数事情上保持正统，否

1　布莱顿是一座英国南部海滨城市。英国城市大都趋向于将大教堂作为城市中心，而布莱顿却恰恰相反，其标志性建筑是英皇阁——乔治四世作为王子时与情妇幽会之所。作者这句话的意思可能是，一个眼睛锐利的司机看到了英皇阁而不是大教堂，会以为自己没有到达目的地（还在继续找大教堂）。

2　17世纪英国出现清教徒运动，要求进一步改革英国国教，清除其中的天主教残余。英国内战中，信奉清教的奥利弗·克伦威尔指挥新模范军战胜王党军，处死查理一世，宣布英国为共和国，自任护国公，成为实际的军事独裁者。

则他将没有时间宣扬自己的独家观点，因为他的时间都用来解释那些不必要的非正统了。

上述困难影响了萧伯纳的作品，现在也同样影响着关于他的书。在剧本前面写上序言，是不可避免的艺术需要；与之相同，在说萧伯纳经历了什么之前，有必要先说说他的经历意味着什么。在我们已经解释了他做某件事的原因之后，我们得提一下他做的这件事是什么。从表面看，他的人生是由相当常规的事件构成的，而且很容易用相当常规的语句来归纳。他的人生可能是任何都柏林职员、曼彻斯特社会主义者或者伦敦作家的人生。如果我先讲述他的人生再谈论他的作品，那他的人生将会显得似乎微不足道；带上他的作品来谈论他的人生，后者就显得举足轻重了。简而言之，你很难知道萧伯纳的所作所为意味着什么，除非你知道他为何有那些行为。这个困难仅仅是顺序和结构上的，但让我十分为难。我打算克服它，也许有点笨拙，但我会以最真诚的方式进行。在我开始写下他与戏剧之间的关系之前，我将先写三种造就了这种关系的环境因素。换句话说，在我写萧伯纳之前，我要先写三种他受到的影响。这三种影响都是他出生之前就存在的，但从某个角度来看，每一种影响都是他自身，都是他非常生动的肖像。我将之称为三传统：爱尔兰人、清教徒，以及进步派。我不知道如何避免这种前言性的论述，因为举例来说，如果我简单地说萧伯纳是个爱尔兰人，那读者产生的印象可能与我的想法大相径庭，更重要的是，与萧伯纳本人大相径庭。比如说，人们可能会认为，我的意思是说他"不负责任"，这样就与我在本书中想表达的意思背道而驰了，因为萧伯纳绝对不是一个不负责任的人，责任感就像钢铁一样箍着他。又比如，如果我简单说他是个清教徒，这可能意味着某些跟裸体雕像[1]有关的事情，或者"见风使舵的假正经"。如果我说他是个进步派，这可能意味着他在县议会选举中投票支持进步派，而这一点我非常怀疑。我没有别的办法，只能像萧伯纳本人那样，简要地解释这些事情。某些挑剔的人可能会反对我这样"本末倒置"，他们可能会天真地以为自己已经理解了"清教徒"这个词，或者更神秘的"爱尔兰人"这个词。事实上，我相当肯定，唯一一个会赞同我这样做的人，就是萧伯纳本人，这个会写长篇引言的人。

---

[1] 英国有句谚语是"no nudes is good nudes"（没有裸体才是好的裸体），据说是清教徒说的。

目 录

爱尔兰人

The Irishman

英国公众通常怀着一种自豪，宣称他们理解不了萧伯纳。这一现象存在许多原因，都是本类书应当充分考虑的，但第一个原因也是最明显的原因，仅仅是乔治·伯纳德·萧1856年出生于爱尔兰都柏林。英国人理解不了萧伯纳的原因至少有一个，那就是他们从不费心去理解爱尔兰人。他们有时会对爱尔兰人慷慨大方，但他们慷慨的对象从不只有爱尔兰人。他们会对爱尔兰人说话，他们会为爱尔兰人发声，但他们不会听爱尔兰人在说什么。毫无疑问，大多数英国人对爱尔兰人怀有一种真正的亲切之情，但不幸浪费在了一类根本不存在的爱尔兰人身上。英国滑稽剧里的爱尔兰人，口音土里土气，性格大大咧咧，热心但不负责任，是本应获得无限赞美和同情的形象，如果他们的存在只是为了获得这些。不幸的是，每当我们试图在小说中创造一个滑稽的爱尔兰人时，我们实际上是在创造一个悲剧的爱尔兰人。如此恼人的南辕北辙，可能连三幕闹剧中都从未出现过。我们越是把爱尔兰人看成热心而弱势的忠诚之人，他们就越是以一种冷酷的愤怒看待我们。压迫者越是以一种亲切的怜悯去俯视，受压迫者就越是以一种不太亲切的轻蔑去睥睨。但事实上，不用说，这种滑稽的南辕北辙是可以用在戏剧中的，它们也确实被用于一部戏剧中——也许是萧伯纳最真实的戏剧——《英国佬的另一个岛》[1]。

设想一个没有读过萧伯纳戏剧的人会读一本关于他的书，这似乎有点荒诞。但要这么说的话，（我清楚地感觉到）写一本关于萧伯纳的书更是彻底的荒诞。一个人一生的全部目标就是解释自己，试图去解释这样一个人，真是愚蠢得无可辩驳。但即使是废话，也需要逻辑和连贯性，因此让我们继续这个假设：当我说萧伯纳的血统和出身都能在《英国佬的另一个岛》中找到时，某位读者可能会回答说，他不知道这部戏剧。再说，让读者正确认识英国和爱尔兰，甚至比让他正确认识萧伯纳更重要。如果读者提醒我这是一本关于萧伯纳的书，那我只能向他保证，我会在恰

1　直译为《约翰·布尔的另一个岛》，"约翰"是英国人的常用名，"布尔"在英语里就是"牛"的意思。1712年，英国作家约翰·阿布斯诺特写出短篇小说《法律就是一个无底洞》。书中的主人公约翰·布尔是一个头戴高帽、足蹬长靴、手持雨伞的矮胖绅士。不过那时的"约翰·布尔"代表的是一个为自由而战的英雄形象。从18世纪60年代开始，约翰·布尔被描述成一个为人愚笨而且粗暴冷酷、桀骜不驯的典型英国老牌绅士形象。

当的时间，合理地记住这一事实。

萧伯纳自己曾经说过："我是个典型的爱尔兰人，我的家族来自约克郡[1]。"除了典型的爱尔兰人，几乎没有人会说这样的话了。这种表达方式实际上是悖论，刻意的悖论。悖论只是一种人们愚蠢地无法理解的自相矛盾。它是对某件事的迅速概括，而这件事又是如此的真实和复杂，以至于具有敏锐智慧的说话者本人能理解它，却不能耐心解释它。神秘教条多半是这类。教条常常被认为是人类思维迟钝或耐力强的标志，事实上，它们是思维敏捷和清醒急躁的标志。一个人会神秘莫测地表达自己的意思，是因为他没法浪费时间来条分缕析地表达。教条并不黑暗也不神秘，它更像一道闪电——把全貌撕开的瞬间的明亮。爱尔兰悖论具有与教条相同的性质，它们都是那种太过真实以至于无法不矛盾的概括。爱尔兰人使用悖论的原因和他们接受教宗训诫的原因是一样的：言语宁可像圣人一样大智若愚，不可像老学究一样大愚若智。

这是关于神秘教条和爱尔兰悖论的真相，也是关于萧伯纳的各种悖论的真相。它们都是被不耐烦地缩短为隽语的论点。它们每一个都代表着一条真理，这真理被一种近乎轻蔑的暴力加以锤

---

1 约克郡位于英格兰东北部，而非爱尔兰。萧伯纳出生于爱尔兰都柏林一个不稳定的中产阶级新教家庭。爱尔兰的新教徒是从英国作为殖民者迁移至爱尔兰的。在 19 世纪的爱尔兰，新教占统治地位。

炼和硬化，直到它被压缩到一个小空间里，直到它变得简短而难以理解。那句关于爱尔兰和约克郡的简短表述就是典型的例子。如果萧伯纳真的打算把他这句玩笑话中各个合乎情理的层次逐一列明，那句话就会是这样的："我是个爱尔兰人，这是一个心理学上的事实，从我身上的许多东西中都可以找到这一事实的证据：我的一丝不苟、我的极端苛求，以及我对纯粹快乐的不信任。但这个事实必须用来自我身上的东西验证。不要自作聪明地问我从哪里来，我的家族在爱尔兰生活了多少个365天。不要拿我是不是凯尔特人来做文章，这个词人类学家没弄明白，对其他人也毫无意义。不要发起关于'萧'这个词是德语还是斯堪的纳维亚语或者伊比利亚语、巴斯克语的无聊讨论。你知道你是个人，我知道我是个爱尔兰人。我知道我属于某一类人，具有某一种社会属性。我知道各种血统的各种人都生活在那个社会，并且靠那个社会生活，他们因此是爱尔兰人。现在你可以带着你的人类学书籍滚去地狱或者牛津了。"如果萧伯纳认为这值得他花时间的话，他会这样温和、精巧、详尽地解释他的意思。但他没有，他只是抛出了这个符号一般但非常完整的句子："我是个典型的爱尔兰人，我的家族来自约克郡。"

那么，这个以具有种种怪异之处的萧伯纳为其典型人物的爱尔兰社会究竟是什么样的呢？我认为，至少可以做出一个概括：

爱尔兰具备一种特质，使它（在基督教禁欲主义最盛的时代）被称为"圣人之地"，这可能也是它被称为"处女之地"的原因。一位爱尔兰天主教牧师曾经对我说过："我们的人民对情欲有一种恐惧，这种恐惧甚至比基督教还古老。"凡是读过萧伯纳关于爱尔兰的戏剧的人，都会记得爱尔兰女孩对于在公共街道上被亲吻的恐惧。但任何了解萧伯纳作品的人，都会在萧伯纳自己身上看出这种恐惧。偶然存在着一幅萧伯纳年少时没有胡须的画像，其线条的严肃性和纯洁性，确实会让人联想到禁欲主义早期耶稣基督的一些没有胡须的画像。或许他会爆粗口，或者试图破坏神龛，但无论如何，他身上总有某种东西在暗示着，如果是在一个更美好、更坚实的文明中，他本来会是一位圣人，他本来会是一个严格的禁欲主义圣人，也许是严厉、消极的类型。他身上有一种奇怪的圣人气质：他确实是超凡脱俗的。世俗对他没有对一般人的魔力，他既不被地位所迷惑，也不被欢乐所吸引。他无法理解势利小人在智力上的放弃。他或许是一个有缺陷的人，但他不是一个复杂的人。他身上所有的美德都是英雄的美德。萧伯纳就像米洛斯的维纳斯，他的一切都令人钦佩。

但无论如何，他身上这种奇特的爱尔兰人的天真是他固有的。听起来可能有些奇怪，但我认为他有关性革命的主张跟他的天真有很大关系。这样的人在理论方面是相对大胆的，因为他的思想相对干净。欲望强烈而意志坚强的男人会花费力气为自己锻造苦修的锁链，只有他们自己才知道锁链需要打造得多牢固。但世间还有其他灵魂，他们就像在林间行走的狩猎女神狄安娜[1]一样，看似狂野实则贞洁。我承认，我认为这种爱尔兰式的纯洁使得一个评论家在谈论婚姻法的根源和现实时有些力不能及，就像萧伯纳那样。他忘记了，驱动天地万物各行其道的那些不可撼动的基本原理，具有一种超越其本身的原动力，而这种原动力并不总能轻易恢复。所以最道德的人们可能会设立法律来监视自己，正如最明智的梦中人可能想要闹钟把自己唤醒。不管怎么说，萧伯纳无疑具备与爱尔兰的这种原始品质相匹配的所有美德和力量。其中之一是一种可怕的优雅，这是一种危险的、有点不人道的品位，它有时似乎会自己避开事情，就像避开泥浆那样。萧伯纳说过许多真诚的话，其中，他说自己是素食主义者不是因为吃肉不道德，而是因为肉不好吃，这句话是真诚的。要说萧伯纳是素食主义者是因为他来自一个素食者种族，他祖上是被迫接受成天吃土豆这种简单生活的农民家庭，这简直是异想天开。不过，我敢肯定，他在这类事情上的极端严谨，与他身上的爱尔兰式天

---

[1] 月亮女神阿尔忒弥斯（Artemis），罗马名字是狄安娜（Diana），是阿波罗的孪生姐妹，掌管月亮。她也是狩猎女神。

真是同素异形体[1]。这种极端严谨与马修神父[2]的美德相比，就像煤炭在钻石面前那样不值一提。当然，这种极端严谨的品质具备所有特殊和失衡品质的共性，那就是你永远也不知道它会在哪里停下，不知道具备该品质的那个人在哪些事情上又不再极端严谨了。萧伯纳曾说享用死尸或是把一个曾经的活物砍成块很恶心，我能明白他的大概意思。但我永远也不知道，对于砍倒一棵梨树，或是把可怜的连呻吟都不会的曼德拉草从土里连根拔起时，他会不会同样感到恶心。这种奔放恣意的对优雅的追求，没有自然类别限制，当适用于万事万物。

但我认为，在古老爱尔兰的众多道德遗产中，这种不可思议的纯洁是次要的。还有一项更重要的遗产，众圣徒称其为对贞洁的奖赏，那就是一种水晶般异常清晰的思维。这当然是萧伯纳所具备的，而且达到了一定程度：在某些特定时刻，他的思维堪称犀利，而非"清晰"所能形容。但所有最典型的爱尔兰人物都是如此，爱尔兰人的思想态度本就如此。这很可能就是爱尔兰人在众多需要极度务实精神——尤其是对结果——的领域中，取得成

1　同素异形体（allotropic）是指由同样的单一化学元素组成，因排列方式不同，而具有不同性质的单质。

2　西奥博尔德·马修（Theobald Mathew）神父是 19 世纪爱尔兰禁酒圣徒，其领导的禁酒运动席卷爱尔兰，获得巨大成功。

功的原因，比如士兵和律师。这些领域为犯罪提供了充足的机会，但几乎没有让人产生错觉的空间。如果你创作了一部糟糕的歌剧，你可以说服自己那是一部好的歌剧；如果你雕刻了一尊蹩脚的雕像，你可以认为你比米开朗琪罗更优秀。但如果你输了一场战争，你就没法相信自己赢了；如果你的客户被执行了绞刑，你就没法假装你帮他脱罪了。

每一种大众偏见，包括对外国人的偏见，肯定都是有一定道理的。英国人确实在某种程度上有一种固有印象，认为爱尔兰人温和可亲、不讲道理、多愁善感。这一温柔而不负责任的传说有两个根源，爱尔兰人身上有两个元素使得这个错误印象成为可能。第一，爱尔兰人的逻辑使其认为战争或革命不合逻辑，是理性手段无用之后所采取的最终手段。因此，当与强大的敌人对抗时，他们不再纠结于他们的指控是否准确、他们的态度是否庄严，就像战场上的士兵不再担心炮弹是否匀称、作战计划是否如画一般形象。他们只是不顾一切地进攻。看起来爱尔兰人只是在爱尔兰闹事[1]，而实际上他

---

1 英格兰人的祖先是盎格鲁－撒克逊人，爱尔兰人的祖先是凯尔特人。历史上，凯尔特人比盎格鲁－撒克逊人先到英格兰，被罗马人打败后退守到爱尔兰。罗马衰落之后盎格鲁－撒克逊人来到英格兰，并扩张到爱尔兰实行统治，二者之间有剧烈冲突。再加上因宗教信仰等原因，爱尔兰时时爆发各种独立运动。直到 1921 年《英爱条约》宣布爱尔兰为英国自由邦。1949 年 4 月，爱尔兰宣布废除君主立宪制，成为共和国，这时才和英国划清了界限。

们是把战争带进了非洲[1]——或者说英国。曾有一个都柏林商贩，用不再通行的爱尔兰凯尔特语把他的名字和业务印在他的手推车上。他知道几乎没有人能看懂，他这么做就是为了惹人厌烦。从他的立场来看，我认为他做得对。当一个人受到压迫时，为了伤害压迫者而伤害自己，这是骑士精神的一种表现。但英国（自中世纪以来就从未有过真正的革命）人很难理解受压迫者这种对于当一个讨厌鬼的持续激情，而将其误解为异想天开的冲动和愚蠢。当一个爱尔兰议员为了阻挠下议院[2]的事务而就他这流血的国家侃侃而谈五六个钟头时，单纯的英国议员会认为他是个感情用事的人。但事实是，这位爱尔兰议员是一个轻蔑的现实主义者，只有他不受下议院感伤主义的影响。他既不够浪漫，也不够势利，不会被那些温和的社会及历史潮流冲垮，这些潮流倒是会轻松将激进自由派和工党成员裹挟而去。他不断要求一件事情，是因为他想要；他试图伤害他的敌人，是因为他们是他的敌人。这是使得强硬的爱尔兰人显得软弱的第一件怪事。在我们看来，他既野蛮又不讲道理，但这是因为他实在太讲道理了，以至于他在抗争的时候除了凶狠别无他法。

1　此处作者可能是指历史上爱尔兰不断反抗英国的统治，在关键时刻激励了南非的布尔人，某种意义上对两次布尔战争起到了推动作用。

2　英国国会由三大部分组成，分别是君主、上议院，以及下议院，当中又以下议院最具影响力。下议院是一个通过民主选举产生的机构。

在此基础上，不难看出萧伯纳身上的爱尔兰气质。虽然他本人是善良的，但他写作的本意通常是为了伤害别人；不是因为他恨某些特定的人（他还没有那么热情和兽性），而是因为他真的恨某些特定的观念，恨不得除之而后快。他会挑衅，他不会任由人家自己待着，人们甚至会说他是个恶霸。但这是不公平的，因为他总是希望对方能够反击。至少他总是在挑战，就像一个真正的绿色岛民[1]。这种民族特性的一个更强有力的例子，可以在另一位杰出的爱尔兰人身上找到，那就是奥斯卡·王尔德[2]。他的哲学（是邪恶的）是一种安逸、忍受和恣意幻想的哲学；但是，作为爱尔兰人，他情不自禁将它写进了好斗而具有煽动性的隽语中。他用强硬的方式来宣扬他的温柔，他有意用让人痛苦的话语来赞美快乐。这种全副武装的傲慢无礼，是他身上最高贵的特质，也是爱尔兰人的特质。他向所有来人发起挑战。这是一个很好的例子，说明民间传说是有道理的，即使它是错误的，英国人以谚语的方式理解并保留了爱尔兰人的这一基本特质。爱尔兰人确实说过"谁要来踩我外套的尾巴？"

1　爱尔兰被称为"翡翠岛"，绿色是爱尔兰的名片。爱尔兰国庆节——圣帕特里克节庆典时，爱尔兰人从服饰到妆容，甚至帽子，都是绿色的。

2　奥斯卡·王尔德（Oscar Wilde），19 世纪出生在爱尔兰，最伟大的作家与艺术家之一，以其剧作、诗歌、童话和小说闻名。

不过，还有第二个原因造成了英国人认为爱尔兰人软弱而情绪化的谬误。这又一次源于这个事实：爱尔兰人头脑清楚，逻辑清晰。为了符合逻辑，他们严格区分诗歌和散文，所以他们的散文极其平淡无奇，他们的诗歌又充满纯粹的诗意。在这一点上，就像在其他一两件事情上，他们很像法国人。法国人把花园打理得很漂亮，因为它们是花园，但他们的田地很丑陋，因为它们只是田地。爱尔兰人也许喜欢浪漫，但他们会说——用萧伯纳常说的话说——"只是浪漫"。英国人在小说中的力量很大一部分来自一个事实，那就是他们的小说半欺骗了他们。举个例子，如果鲁迪亚德·吉卜林[1]的短篇小说是在法国写的，公众就会称赞它们是好看、机智的艺术小作品，相当冷酷，非常神经质和女性化。吉卜林的短篇小说会像莫泊桑的短篇小说一样受到赞赏。但在英国，他的短篇小说将不会受到赞赏，而是会被相信。这个民族会备受震惊，会严肃地将它们视作对帝国和宇宙的真实写照。英国人会匆匆放弃英国，转而支持吉卜林先生和他幻想的殖民地；他们会匆匆放弃基督教，转而支持经吉卜林先生病态解释的犹太教。而在爱尔兰，一本书产生这样道德上的鸣响，几乎是不可能

1　鲁迪亚德·吉卜林（Rudyard Kipling），英国小说家、诗人，出生于印度孟买，于 1907 年获得诺贝尔文学奖，成为英国第一位获此奖的作家。

发生的，因为爱尔兰人能够区分生活和文学。萧伯纳本人对这一点做了总结，他用一个紧凑的句子总结了许多事情，这句话是他在与本书作者交流时说的："爱尔兰人有两只眼睛。"他的意思是，爱尔兰人用一只眼睛看到梦是鼓舞人心的，是迷人的或者是令人赞叹的，而用另一只眼睛看到梦终究只是梦。至于英国人，其幽默和感性使得他们总是半睁着另一只眼。另有两个小例子会证明英国人的问题。例如，我们来看看从一个更高尚的政治时代幸存下来的高尚的残留物——我指的是爱尔兰人的演说术。英国人认为爱尔兰政客是如此的急躁而富有诗意，以至于他们不得不倾泻出一股洪流般的激烈言辞。但真相是爱尔兰人头脑清晰，善于批评，他们仍然像古人一样，把修辞视作一种独特艺术。因此，对于爱尔兰人而言，做演讲就像拉小提琴，倒也不是说他们一定不带感情，但最主要是因为他们掌握了技巧。这件事的另一个例子就是人们常说的爱尔兰魅力。爱尔兰人很讨人喜欢，不是因为他们特别情绪化，而是因为他们高度文明。对他们而言，奉承是一种仪式，跟亲吻巧言石[1]一样的仪式。

最后，一个关于爱尔兰的普遍真相很可能一开始就影响了萧

---

1 巧言石，爱尔兰西南部布拉尼城堡（Blarney Castle）中的一块石头，传说亲吻此石后即可变得能说会道。

伯纳，而且几乎可以肯定影响了他一辈子，即爱尔兰是一个政治冲突至少真实存在的国家。爱尔兰的政治冲突是有意义的，它们关于爱国主义，关于宗教，或者关于金钱——这三大现实。换句话说，这些冲突有关一个人生活在什么样的国家，或者住在什么样的世界，或者他如何生存于其中。相比属于同一统治阶级的两个富有表亲中，哪一个应该被允许提出同一教区议会法案，爱尔兰人的冲突不是这种类型。爱尔兰没有政党体系。英国的政党体系则是一个巨大而高效的机器，其存在的目的就是防止政治冲突，它的基本原则跟三条腿竞赛一样，即团结并不总是力量，工会从不活跃[1]。在政党体系下，没人能要求自己真正想要的东西。但在爱尔兰，保皇派随时准备推翻国王，就像芬尼亚兄弟会[2]随时准备推翻格莱斯顿先生[3]一样；除了自己想要的东西，他们愿意抛弃其他任何东西。因此，即使爱尔兰政治中存在愚蠢和狡诈，比起汲汲营营的国会议员的笨拙伪善，由外而内都更加真实和可

1　原文"union is not always strength and is never activity"戏用了"union is always strength"（团结就是力量）、"union activity"（工会活动）。

2　即爱尔兰共和兄弟会，19世纪成立于美国的争取爱尔兰独立的革命组织。

3　威廉·尤尔特·格莱斯顿（William Ewart Gladstone），英国政治家，曾作为自由党人四次出任英国首相。在1868年大选期间，为了争取选票，格莱斯顿曾为爱尔兰的芬尼亚兄弟会起义进行辩护，批评保守党镇压爱尔兰人的政策，并向选民保证要解决爱尔兰问题，但实际上他对爱尔兰采取时而镇压时而安抚的政策。

敬。都柏林和贝尔法斯特[1]的谎言都比威斯敏斯特的自明之理更加真实，因为他们连谎言都是有目标的，涉及事物的某个状态。这就好比，从现实意义上讲，皮戈特[2]的信比《纽约时报》上关于这些信的头条新闻更诚实。当帕内尔[3]在皇家委员会面前平静地说，他说某些话是"为了误导议院"时，他证明了自己是他那个时代少数几个诚实的人之一。一个普通的英国政治家是不会认罪的，因为他已经对犯罪习以为常了。政党体系本身就有个习惯，即陈述事实以外的东西。议院的领袖同时也意味着对议院的误导[4]。

萧伯纳生来就在这一切之外，他满脸都写着解脱。不管他在少年时代听到的是暴力的民族主义还是充满恶意的联邦主义，那至少是希望大家普遍遵循某种原则，而不是由什么小集团掌权。

1　贝尔法斯特，英国北爱尔兰地区最大的海港，自 1920 年起成为北爱尔兰的首府。

2　爱德华·皮戈特（Edward Pigott），英国业余天文学家。在 1785 年，皮戈特通知皇家学会他发现了一颗新的变星，天鹰座 η。而他在一年前就已经确认了。他在同一天致函给英国主要的天文学家威廉·赫歇尔和内维尔·马斯基林。

3　查尔斯·斯图尔特·帕内尔（Charles Stewart Parnell）是爱尔兰民族主义政治家。1875 年当选议员。在议会里采取捣乱的策略作为对英国统治阶级施加压力的手段。1877 年当选大不列颠自治同盟主席，成为爱尔兰民族主义运动领袖。1880 年当选为爱尔兰自治党领袖。

4　此处有文字游戏，"领袖"英文为 leader，"误导"英文为 mislead。

对他进行吉尔伯特[1]式的总结并不准确，他生来既不支持自由党，也不支持保守党[2]。他不像我们大多数人，经历了一个优秀党徒的阶段，然后才艰难地成为一个优秀的人。他看待我们的大选，就像一个印第安人看待牛津和剑桥的划船比赛一样，他对所有无关的多愁善感视而不见，甚至对一些合理情感也是如此。萧伯纳进入英国，是作为一个外国人、作为一个入侵者、作为一个征服者。总之，他是作为一个爱尔兰人进入了英国。

1　杰弗雷·吉尔伯特（Geoffrey Gilbert），18世纪英国证据法学家、财税法庭首席法官。是英国著名哲学家洛克的信徒，也是洛克《人类理解论》的编者之一。著有《证据法》等。

2　在保守党和工党之前，英国政坛影响力最大的两个政党是托利党和辉格党。1833年托利党改称保守党，1839年辉格党改称自由党。

清教徒

The Puritan

第一部分说过，萧伯纳从他自己的民族获得了两种不容置疑的品质，一种是智力上的纯洁，一种是战斗精神。对自己的理想，他是如此的理想主义，以至于在手段上，他可以是一个无情的现实主义者。简而言之，他的灵魂同时具备爱尔兰的贞洁与暴力。但萧伯纳不仅仅是一个爱尔兰人，他甚至不是一个典型的爱尔兰人。他是爱尔兰人中与众不同的一种，不易形容的一种。一些爱尔兰民族主义者轻蔑地称他为"西不列颠人"，但这真的不公平，因为不论萧伯纳有什么心理缺陷，"不列颠人"这种没有实质意义的词语都绝对不适用于他。用古老的爱尔兰歌曲中大胆而直白的词句——"反爱尔兰的爱尔兰人"来描述他，会更加接近事实。不过，公平地说，这一描述远不如"反英国的英国人"那么可怕，因为爱尔兰人很善于自我批评。与永远都在自我吹捧的英国人相比，几乎每个爱尔兰人都是"反爱尔兰的爱尔兰人"。但在这里，流行词汇再次一语中的。受过良好教育且相当富有的新教统一派作为楔子，被打进了爱尔兰都柏林和这个国家其他所有地方，很难用任何术语从表面对他们进行概括。他们不能仅仅被描述为"少数派"，因为少数派是指被征服国家的一部分，而新教统一派则意味着征服，且他们不完全是一个国家的一部分。我们也不能退而求其次用"贵族"这个词，因为贵族至少暗含着某种自命不凡，它暗示着至少有些人是自愿被领导者领导的，哪怕只是被领向粗俗和邪恶。只有一个词能够形容这一爱尔兰的少数派，这是从公众措辞里找到的词语——"加里森"[1]。爱尔兰人说得好像所有新教统一派都是住在"城堡"里一样，这种看法基本上是正确的。他们具备所有"加里森"的优势和局限。也就是说，在公众看来，他们明显是勇敢、一贯和可靠的，但他们的不幸在于，他们只能踏足于院子里的石板或城墙冰冷的岩石，他们甚至从未踏足过自己的国土。

我们认为萧伯纳是爱尔兰人，下一步，就是把他看作居住在爱尔兰的爱尔兰流亡者。有些人会说，这是他自己内心深处的矛盾，但事实上，这种复杂性并不真的难以解释。伟大的宗教和民族传统在爱尔兰持续了许多世纪，它们鼓励这些干净而锐利的元

---

1 Garrison，一般用作人名，译为"加里森"，又有"堡垒驻军"之义。此处为双关。

素，但它们同时也支持其他许多事物来与之平衡。爱尔兰农民具有这些爱尔兰人特有的品质：一种奇特的纯洁，一种奇特的好斗。但爱尔兰农民也具备所有农民共有的品质，其民族也具备所有兴旺发达的民族共有的品质。我主要是指我们大多数人在童年时期所吸收的那些东西，尤其是超自然感和自然感，热爱具有无限视野的天空，热爱具有严格界线和稳固所有权[1]的土地。但萧伯纳的矛盾来了，这是他所有矛盾中最重要的一个，也是他自己都未曾意识到的一个。相当愚蠢的人在一开始就学到的一两条朴素的真理，可能正是萧伯纳最终都没能学到的。他是一个勇敢的朝圣者，他从坟墓出发去寻找摇篮。他从其他人都没有聪明到能发现的观点出发，最终发现了其他人都没有愚蠢到会忽视的观点。他缺乏对这种自明之理的认知，他的理智并不植根于婴儿期的古老智慧，我认为，这跟他作为爱尔兰一个外来少数派的一员有很大关系。没有真正国家的他，也没能拥有真正的家。一般土生土长的爱尔兰人亲近爱国主义，是因为他们贴近大地；亲近家庭生活，是因为他们贴近大地；亲近神学教义和复杂仪式，还是因为他们贴近大地。简而言之，他们接近天堂，是因为他们贴近大

---

1 在爱尔兰隶属于大不列颠联合王国的时代，如果根据严格的英国法律，爱尔兰人的土地产权并不稳固。

地。但我们肯定不能指望"加里森"具备这些基本且集体共有的美德，不能指望他们表现出一个民族的美德，而只能（如易卜生[1]所说）指望他们表现出这个民族的敌人的品质。萧伯纳没有经历过传统习俗，没有玩过小学生的诡计，没有体验过大学的风俗惯例，来跟他人产生情感共鸣。关于他的任何事情都不能被认为是家族宿怨或家庭笑话。他不喝祝酒，不过周年纪念日；尽管他很懂音乐，但我怀疑他根本不愿意唱歌；他的这一切都有一种树根暴露在空气中的感觉。缩短冬天的最好方式就是延长圣诞节，而享受四月阳光的唯一办法就是做一个"四月傻瓜"[2]，但萧伯纳不理解庆祝节日的意义。当人们邀请萧伯纳到斯特拉福镇[3]参加莎士比亚诞辰三百周年[4]纪念活动时，他以其特有的轻蔑回信说："我连自己的生日都不过，不明白我为什么要过莎士比亚的。"我认为如果萧伯纳一直都过自己的生日，那他将会更好地理解莎士比亚生日纪念活动的意义——以及莎士比亚的诗歌。

在推测萧伯纳的消极一面——他缺乏我们童年时期都享受过的宽容，他出生于在爱尔兰占统治地位的教派家庭时，我不会不

1　萧伯纳在易卜生的影响下才开始写戏剧。

2　原文"April Fool"，是对"April Fool's Day"（愚人节）的活用。

3　斯特拉福位于伦敦西北约 180 公里处，是莎士比亚的诞生地和安息之所。

4　此处作者可能笔误，最好理解为莎士比亚逝世三百年，而不是诞辰三百年。莎士比亚诞辰三百年的 1864 年，萧伯纳只有八岁。

提及历史记忆或其他参考案例。18世纪有少数新教徒从爱尔兰流亡到了英国，其主要代表人物中确实有一些爱尔兰游民甚至爱尔兰恶棍，谢里丹[1]甚至戈德史密斯[2]都是典型。这些人物即使不负责任，也还是有几分爱尔兰人的尖刻和现实主义。但这种类型的爱尔兰人已被过分强调，排斥了其他同样具有民族色彩和同样有趣的爱尔兰人作为这个民族的代表。这些人中有一类值得注意。在18、19世纪，不时出现了一类特别的爱尔兰人，这类人与英国人印象中的爱尔兰人截然不同，以至于英国人会认为他们根本不是爱尔兰人。这类人通常是新教徒，由于其尖刻的自我批判的本能，有时他们看起来几乎是反民族的。只有在看似玩世不恭实则内心更加苦涩地评判外国人或入侵者时，他们的民族主义才会显现出来。这类人中第一个也是最伟大的人是乔纳森·斯威夫特[3]。萨克雷[4]直接否认斯威夫特是爱尔兰人，因为他不像公众眼中

1　英国戏剧家谢里丹，R. B.（Sheridan, R. B.），生于爱尔兰。他的喜剧在英国戏剧史上占有重要地位。他 1780 年以后主要从事政治活动，当过议员，并在外交部、财政部和海军内担任过重要职务。然而他却一生债务缠身，欠账累累。

2　奥利弗·戈德史密斯（Oliver Goldsmith），英国杰出的散文家、诗人和戏剧家，对许多文学形式做出过重大的贡献。

3　乔纳森·斯威夫特（Jonathan Swift），英国作家、政论家、讽刺文学大师，出生于爱尔兰都柏林，以《格列佛游记》和《木桶的故事》等作品闻名于世。

4　威廉·梅克比斯·萨克雷（William Makepeace Thackeray），英国作家。与狄更斯齐名，为维多利亚时代的小说家，其代表作品是世界名著《名利场》。

的爱尔兰人。在这位英国小说家看来，斯威夫特不够迷人，不够讨人喜欢，不会是爱尔兰人。事实上，斯威夫特过于严厉，难以相处，也不会是英国人。萧伯纳身上有许多斯威夫特的影子。举个例子，萧伯纳和斯威夫特一样，他们身上都结合了不切实际的幻想和某种怪异的冷漠。不过，他最像斯威夫特的，正是那些萨克雷认为不可能是爱尔兰人的品质，包括带着仁慈的欺凌，带着轻蔑的怜悯，以及打是亲骂是爱的习惯。他们小说中的人物通常非常友善，以至于不喜欢受到感谢。这种品质并不可亲，但极其稀有，而斯威夫特拥有这种品质。斯威夫特下葬时，都柏林的穷人成群结队来到他的墓前哭泣，他是他们最慷慨大方的施主。斯威夫特配得上公众对他的这种悼念，但一想到要接受这种悼念，他可能会气得在墓里捶胸顿足。萧伯纳身上同样也有着这样缺乏人情味的人性。爱尔兰历史提供了第三个例子，来证明这类受过教育的新教爱尔兰人真诚、冷酷、好斗、孤独。这里我指的是帕内尔，困惑不解的英国人不顾一切地回避现实，说他根本不是爱尔兰人，说得好像任何一个理智、势利、守法的英国人都会蔑视下议院、违抗上流社会一样！就像沉默寡言和口若悬河之间存在巨大差异，萧伯纳和帕内尔两人也有着天渊之别，但即便如此他们还是有许多共同之处，甚至这两个人的形象都有一些共同点：在他们同样骨瘦如柴、蓄着胡须的脸上，都有一种近乎恶魔般的泰然自若。假装这三个人不属于他们自己的国家是不可能的，但是，他们确实属于这个国家中的一种特别的、不常出现的类型。他们三人都有一种独特的标志，那就是尽管民族主义者各有不同，但他们都给更为和善的英国人留下了一个共同印象：与其说他们热爱爱尔兰，不如说他们恨英国。

这三个相当冷酷的爱尔兰人都是新教徒，这其中是否有任何宗教意义是个难题，对此我不会一概而论。我个人倾向于认为，天主教会在一个民族的美德中增加仁慈和温和，否则，这个民族将会过于敏锐和轻蔑，过于不接地气。但无论如何，萧伯纳在一个天主教国家接受的新教教育，毫无疑问对他的思想产生了很大影响。影响有两个方面，消极的和积极的。一方面，通过切断他与他真正的家乡和历史的联系，使他无法接触那里的田野和源泉，从而影响着他，或者说通过让他成为奥兰治党[1]成员而影响着他。另一方面，通过他所接受的特殊宗教的特殊色彩而影响着他，或者说通过让他成为清教徒而影响着他。

在他不计其数的序言中，其中有一篇他这样写道："在艺术的问题上，我一直都站在清教徒这一边。"我认为，进一步研究就会发现，他几乎在所有问题上都站在清教徒这一边。清教主义不

1　该党反对爱尔兰民族主义和天主教，企图使新教占统治地位。

仅仅是一套苛刻的规章制度，尽管它的一些规章制度比任何使欧洲蒙羞的规章制度还要苛刻。清教主义也不仅仅是个噩梦，不仅仅是东方的阴郁和宿命论的邪恶阴影，虽然这一元素确实是其中一部分，似乎是它核心错误的症状和惩罚。清教的教义原本来源于某种更为高尚的东西，尽管它几乎同样是错误的。萧伯纳是现代清教徒中最伟大的，也许也是最后一位，如果我们要真正理解他的态度，就必须对清教主义进行更细致的定义。

我应该这样粗略定义清教主义的第一精神：它拒绝用任何比最纯粹的智慧结晶更光明更温和的东西来思考上帝或良善。清教徒最初是指思想上没有假期的人。用清教徒自己最喜欢的说法就是，他们不会让任何生物挡在他们与上帝之间，这种态度意味着他们会永远受到折磨，以及他们对所有生物的刻薄蔑视。出于教堂很漂亮这一具体而特定的原因，清教徒认为在谷仓做礼拜比在教堂更好，因为外在美只是一种介于智力和智力崇拜的对象之间的虚假而感官的符号。清教徒认为，人的大脑应该每时每刻都像一团燃烧的火焰，烧透一切传统的影像，直到它们像玻璃一样透明。

清教徒的基本理念是：只有直接思考上帝，上帝才能得到赞美。你必须只用你的大脑赞美上帝；用你的热情、生活习惯、动作姿态或是对于美的本能去赞美他，都是邪恶的。因此，通过唱歌、跳舞、喝圣酒、修建美丽的教堂或是在半睡半醒间祈祷来敬拜上帝，都是邪恶的。我们不准通过上述方式来敬拜上帝，只能通过思考来敬拜。我们的头可以赞美上帝，但我们的手和脚却不能。这才是清教徒真实的原动力。这一点有很多值得讨论的地方，在英国，人们对它的讨论持续了两百年。现在它在英格兰和苏格兰已经逐渐衰落，不是因为现代思想的进步（这什么都不是），而是因为中世纪的活力和品格在这两个民族中缓慢复苏。英格兰人总是热情而富有人情味，他们已下定决心要热情而富有人情味，不管那些清教徒。结果就是狄更斯和雅各布斯[1]各自继承了乔叟和罗宾汉[2]的传统。苏格兰人总是浪漫的，他们已下定决心要浪漫，不管那些清教徒。结果就是司各特[3]

1　威廉·威马克·雅各布斯（W. W. Jacobs），英国小说家，写过大量的讽刺小说和恐怖小说。代表作《猴爪》等。

2　罗宾汉（Robin Hood）是英国民间传说中的一位劫富济贫、行侠仗义的绿林英雄。从 12 世纪中叶起，关于罗宾汉的传说开始在民间流传。14 世纪，有关罗宾汉的故事首次作为文学作品问世。

3　沃尔特·司各特（Walter Scott），生在苏格兰首府爱丁堡一个没落的贵族家庭。英国诗人和小说家，较著名的作品有《清教徒》《罗伯·罗伊》《罗沁中区的心脏》《艾凡赫》等。

和斯蒂文森[1]继承了布鲁斯[2]、盲哈里[3]和众多流亡苏格兰国王的传统。英格兰再次成为英格兰人的，苏格兰再次成为苏格兰人的，尽管有加尔文伟大而崇高的梦魇萦绕。在不列颠群岛，只有一个地方，人们能够自然地期待，真正清教徒的那种浓烈的超然仍然完整幸存，这个地方就是爱尔兰的新教地区。奥兰治加尔文主义者不会因民族的复兴而受到影响，因为他们不属于任何民族。在他们当中的任何人身上，都能找到加尔文主义者规规矩矩的一致性。爱尔兰新教暴乱者至少比他们在英格兰的弟兄要高尚得多，他们在两个方面完胜后者：第一，他们确实信仰新教神学；第二，他们真的在发动暴乱。这些人既有对神学清晰性的狂热崇拜，外表又野蛮单纯。萧伯纳就出生在这些人当中。

关于我们正在研究的这个人，至少有一个突出的事实，那就

---

1 罗伯特·路易斯·斯蒂文森 (Robert Louis Stevenson)，英国随笔作家、诗人、小说家、游记作家、新浪漫主义代表，出生于苏格兰爱丁堡。其代表作有《金银岛》《化身博士》《诱拐》等。

2 罗伯特·布鲁斯 (Robert the Bruce)，史称罗伯特一世 (Robert I)，是苏格兰历史上最重要的国王之一。曾经领导苏格兰王国击退英格兰王国的入侵，取得民族独立。

3 指吟游诗人哈里。他凭长达十一卷、一万两千行的凯尔特语传奇史诗《华莱士之歌》名动一时。所叙威廉·华莱士是英格兰独立战争的重要领袖，被苏格兰人视为民族英雄。此书自 16 世纪付梓后，在苏格兰的流行程度仅次于《圣经》。

是萧伯纳从不无聊轻浮。他从不给自己的观点放假，他从不会不负责任，哪怕只是一瞬间。他没有荒谬的第二个自我，这荒谬的伪装就像穿晨衣一样，一旦穿上了就比真实的人还真。与之不同的，比如查尔斯·兰姆和斯蒂文森，他们在有心无力时的崩溃、自嘲，是他们身上很大的力量。萧伯纳身上没有这种崩溃、自嘲的力量，他的智慧从来不是弱点，因而他的智慧从来不是一种幽默感。智慧总是跟这一观念联系在一起，即真理是全面细致而清晰的；而另一方面，幽默则是跟另一观念联系在一起，即真理是狡猾、神秘且易被误解的。查尔斯·兰姆所说的关于苏格兰人的话，更适用于爱尔兰清教徒这种类型的人。爱尔兰清教徒不会突然用新眼光看待事物，他所有的才华都来自极快速的计算和推论。萧伯纳从不会说站不住脚的话，也就是说，没有准备好精彩的辩护之前他什么也不会说。他从来不会突然发出那种超越理性和信念的哭喊，就像兰姆哭喊"我们会沉溺于梦想"，或者斯蒂文森哭喊"我们永远不要流血，好吗"。简而言之，萧伯纳不是个幽默家，而是个伟大的智者，几乎和伏尔泰一样伟大。幽默近似于不可知论，只是神秘主义的消极面。但纯粹的智慧近似于清教主义，近似于完美但痛苦地意识到了宇宙的终极真理。再简而言之，能看到事物一致性的人是智者，也是加尔文主义者。能看到事物非一致性的人是幽默家，也是天主教徒。

无论如何，萧伯纳展现出了清教徒最纯洁的一面，他渴望直面真理，即使它会杀死我们；他对于无关情感或妨碍性的符号极度不耐烦；他为了让灵魂保持在最高压和最高速状态而孜孜不倦。他对于所有社会习俗和社会问题的直觉都是清教徒式的。他最喜欢的作家是班扬。

但萧伯纳不仅继承了清教主义中鼓舞人心和直接的东西，他还继承了一些笨拙而传统的东西。如果萧伯纳有什么偏见的话，那也是清教徒的偏见。因为，就直接思考真理而自然产生喜悦这条基本理念而言，清教无法维持三个世纪，事实上，如果清教徒认为他们能做到这一点，那就大错特错了，一个教派不可能严肃至三百年。成立一个要想长久存在的机构，必须张弛有度，具备相关的象征物以及正常的常规惯例。在没完没了的寺庙以外，你还必须有轻松的一面。"在锡安山你必须放松"，除非你只是来走马观花。

到了19世纪中叶，清教徒眼中这种古老的朴素和现实已经退化成两种主要的低级形式。第一种是理想主义的喋喋不休，萧伯纳以这种形式展开了激烈的斗争，而且总的来说富有成效。他无休止地谈论正义和无私，谈论应当褒扬的事情和不得不贬低的事情，谈论社会纯洁性和真正的基督教男子气概，他滔滔不绝，但几乎不触及任何人的灵魂或薪水的现实情况。他的话语倾泻在了这微弱而不温不火的洪流中，像火焰一般融化了曾在17世纪闪闪发光的大部分冰山。他的言辞确实犀利冷酷，但却饱含力量和热情。17世纪最坚硬的东西很可能被他变成了20世纪最柔软的东西。

萧伯纳一直以来都反对清教中的多愁善感和唯利是图，其中唯一玷污了他的地方在于，他一直认为这种草率的理想主义就是整个基督教世界的理想主义，所以"理想主义者"这个词被他用于指责。不过，清教还有其他负面影响，他并没有完全摆脱。我不认为他已经完全摆脱了清教中那种可以称得上是禁忌的因素。一个奇特的事实是，尽管新教中极端的部分在繁复和过度精炼的文明中逐渐消亡，但其中野蛮的部分却长盛不衰；而以约翰·诺克斯[1]的教义作为标准来看，现代新教放弃了文明的部分，只保留了野蛮的部分。他们放弃了伟大而系统的加尔文主义哲学，这种哲学与现代科学有许多共同之处，且与普通的、反复出现的决定论非常相似。但他们没有否决纸牌或喜剧，虽然诺克斯仅仅把这两者看作是他的人民专注于他们神学的证据。在现代新教中，清教神学所有可怕而崇高的主张都已不复存在，只有野蛮的禁忌仍

1　约翰·诺克斯（John Knox），著名宗教改革领袖，创办了苏格兰长老会，被誉为"清教主义的创始人"。

然保留。例如在苏格兰，每隔七天[1]，对恐惧的信仰就会触碰所有人的心灵，让街上呈现一片邪恶的寂静。

到了 19 世纪中叶萧伯纳出生的时候，清教仅存的这种阴暗而野蛮的因素，在其禁忌哲学上又增加了另一种禁忌，人们对那些作为文明人食物一部分的发酵饮料，产生了一种神秘的恐惧[2]。毫无疑问，许多人在这个问题上采取极端路线，仅仅是考虑到了这种饮料对社会的危害，许多人，但不是所有人，甚至不是大多数人。许多人认为纸币的出现是个错误，危害很大，但他们看见支票簿时不会发抖，也不会窃笑。他们不会带着令人讨厌的狡黠窃窃私语说有人"看见"某人走进银行。我深信英国贵族是英国的祸根，但我没看到社会上有仅仅因为一个人接受了爵位就排斥他的倾向，无论是我自己还是别人。而现代清教徒（出于他们受信任的地位）却会因为一个人接受了酒水就排斥他。这种感觉当然很大程度上是莫名其妙的，就像人们对第七天的感觉一样。安息日也一样，它也有社会学的原因，但这些原因可以简单而直接地加以检验。如果一个清教徒告诉你全人类应该每周休息一天，你

---

1 每隔七天，指一个星期，一般星期天又被称作"礼拜天"。在基督教，每隔七天要休息一天，但休息的这天基督徒需要去教堂做礼拜。实际上《圣经》中的安息日（第七天）指星期六，星期天是作为每周的第一天。后因君士坦丁一世发布的星期天休业令，所以改为星期天礼拜。

2 指 19 世纪爱尔兰的禁酒运动。

只要提议应该在周三休息就好了。如果一个清教徒告诉你他不反对啤酒，而是反对饮酒过量造成的悲剧，你只要向他提议，住在监狱和救济院（这些地方可以绝对控制啤酒的量）的囚犯和被收容者应该每天喝三杯啤酒。清教徒不能说三杯啤酒过量，但他总会找到一个说法的，因为他反对的不是过度，而是啤酒本身。这是一种超验的禁忌，也是萧伯纳一开始就产生的两三个积极而痛苦的偏见之一。他早期对戏剧的态度中贯穿着同样的严肃，尤其是对轻松戏剧。他的清教徒老师们无法阻止他投身戏剧事业，但他们的教导使得他严肃认真地对待戏剧。他所有的戏剧确实都是"给清教徒的戏剧"[1]。他提出的所有批评都带着一种优雅的、近乎折磨人的蔑视，他蔑视人们沉溺于芭蕾舞和滑稽剧，蔑视紧身衣和双关语。他可以容忍无法无天，但不能容忍轻浮放荡。他对离婚和通奸并不像对"劈叉"那样反感。在那些言辞激烈的现代批评家中，他总是一马当先愤怒地质问："你既然能容忍《春鸡》这种下流的玩笑，为什么还会反对《野鸭》这样充满哲理的作品呢？"普通人对此的回答在我看来合情合理，但我认为他从未理解过："我会因为《春鸡》里的下流玩笑而笑，因为那只是个玩笑。我嫌弃《野鸭》里的哲学，因为那是哲学。"

1　萧伯纳一部戏剧集的名字就是《给清教徒的戏剧》。

萧伯纳没有公正对待大众在这个问题上的自在和理智，不过也确实，不管他是什么，他绝对不是民主人士。作为一个爱尔兰人，他是个贵族；作为一个加尔文主义者，他是个与众不同的人。他吸进鼻孔的气息，来自一片拥有衰落王权和骄傲贵族的土地。而他吸收进入灵魂的气息，则来自一条教义，这条教义在上帝的选民周围建立起一堵水晶墙。他们之间的两种力量，造就了这个有力而纤瘦的身影，他敏捷、轻蔑、精致，宽宏大量但不近人情。最后只需加上一丝寡头统治色彩——由当今时代势不可挡的寡头政治氛围赋予了他，就是这位踏入世界的爱尔兰清教徒了。那么，他踏入的世界是什么样子呢？

进步派

The Progressive

现在，在一定程度上可以证明，萧伯纳把解释放在事件之前的做法是正确的。我可以给出一两个事实，而且有一定把握说，读者会赋予萧伯纳的这些事情以他们赋予萧伯纳本人同样的意义。因此，如果我一开始只是简单地说萧伯纳出生于都柏林，一般读者可能会惊呼："啊，是的——一个野蛮的爱尔兰人，快乐，情绪化，不值得信任。"如此一来，人们对萧伯纳的认识一开始就错了。而现在，我已经试着让人们了解了，出生在爱尔兰到底意味着什么。因此，现在我可以第一次承认，萧伯纳出生了，他于1856年7月26日出生在都柏林。

正如他的出生只能通过对爱尔兰的一些想象来领会，他的家庭也只能通过对清教徒的一些认识来领会。他是乔治·卡尔·萧最小的儿子，乔治·卡尔·萧曾经是一名公务员，后来成了一名不怎么成功的商人。我曾经提过他的家庭信仰新教（在爱尔兰，这意味着他们是清教徒），但作为一个毫无色彩的细节可能已经被忽略了。不过，如果读者能够记住关于加尔文主义退化为一些笨拙的禁忌的说法，那他将会明白这样一句出自萧伯纳之口的话，其充分而骇人的意义："我的父亲理论上是一个严格的禁酒主义者，但实际上是一个偷偷摸摸的酒徒。"这两件事当然基于完全相同的哲学，禁忌的哲学。酒是一种神秘的东西，能给予可怕的快乐，也能带来可怕的惩罚。酗酒者和戒酒者不仅都犯了错误，而且他们都犯了相同的错误，他们都把酒视作毒药而非饮料。但如果我在没有任何道德说明的情况下提到这部分家庭信息，人们会立刻开始胡说八道，说什么艺术遗传和凯尔特弱点，这会造成一种普遍印象，人们会以为萧伯纳是个爱尔兰败家子，还是个爱尔兰败家子的孩子。然而，问题的关键在于萧伯纳出生于一个德高望重的清教徒中产阶级家庭，唯一需要承认错误的是，这个清教徒家庭的一名成员对烈酒持有一种特别清教主义的观点，那就是，他一般把酒看作一种毒药，有时也看作一种药物，哪怕只是一种精神药物。但毒药和药物是非常相似的，化学家们都知道。它们主要在这一点上相似：没人会为了好玩而喝它们。此外，它们在这一点上也是一样的：没人愿意在公众场合喝它们。而且，认为酒精要么是药物要么是毒药的人，还不止我提到的这位清教徒，这种错误观点遍及整个衰败的清教文明。例如，社会改革家们对大众酒馆开了上百枪，但从来没有谁去向酒馆里真正可耻的地方开枪。清教文明衰败的迹象不是酒馆，而是酒馆里的单间酒吧，或者更确切地说，那些五六个连成一排的单间酒吧。一个酒鬼可以独自进入每一个单间酒吧，沉溺于自己本不应算作罪恶的罪恶，违反本不应算作道德的道德。几乎所有这些地方都安装着粗糙的磨砂玻璃窗，窗户紧闭，卖家看不到买家的脸。语言无法表达出那件精致家具所体现的人类耻辱的深渊。每当我走进一家酒馆（这种情况经常发生），我总会小心翼翼地打开这些窗口，然后离开，使它焕然一新。

在其他方面，我们不仅有必要坚持极端新教主义，而且有必要坚持"加里森"的新教主义，在这个世界里，宗教力量时而因受孤立而增长，时而因受保护而溃烂。萧伯纳童年时期受到的所有影响不仅是清教徒式的，而且是任何非清教徒的力量都无法穿透或抵消的。他属于这样一个爱尔兰群体：按照天主教的说法，这个群体硬化了自己的心，冷酷无情；按照新教的说法，这个群体硬化了自己的头脑，思想顽固；但我想，这个群体主要是强化了他们的"堡垒"，从而失去了对周遭事物的感觉。在读到他的青少年时期时，人们会忘了他这段时间是在一个岛上度过的——这个岛现在仍在虔诚地祭拜圣彼得和圣帕特里克，要说他的青少年时期是在温布尔顿[1]度过的，人们也会认为有可能。他上过卫斯理公会联合学校，听过穆迪[2]和桑基[3]的布道。"我，"他写道，"当时完全不为他们的雄辩所动，反而觉得有义务向公众宣布，我总体上是个无神论者。我的信被郑重地刊登在了《公众舆论》上，这使得我众多姑姑和叔叔大为惊骇。"萧伯纳的行为源于哲学氛围，而穆迪和桑基宣扬的都是宗教主张。一个"加里森"绝不会想到，在他成为无神论者之前，他可以走进祖国的教堂，学习一些让但丁、波舒哀、帕斯卡和笛卡尔满意的哲学。

同样地，在论述萧伯纳戏剧生涯的第三点时，我不得不诉诸我的前言理论。离开校园之后他走上了一个稳定的工作岗位，稳稳当当地干了四年，但几乎一天时间就把它抛在身后。他甚至鲁莽地跑去了伦敦，在那里他混得不成样子，半饱半饥地挨了六年。如果我在本书第一页就提起他这个行为，就会显得他要么是出于狂热分子的单纯，要么是为了掩盖年轻人的某种丑恶的越界行为，或者罪犯的放荡性情。但萧伯纳这么做不是因为他轻率，

---

1 伦敦西南部的一个小镇。

2 德怀特·莱曼·穆迪（Dwight Lyman Moody），是美国 19 世纪著名的布道家、福音歌手。1870 年，穆迪与桑基组成布道团，并持续合作二十九年之久。

3 艾拉·大卫·桑基（Ira David Sankey），福音歌手、赞美诗作曲家，编纂了多卷赞美诗和流行宗教音乐。1870—1899 年随福音歌手德怀特·莱曼·穆迪巡回演出，名声大噪。

而是因为他相当谨慎，特别是对一件必须做的事情。当他扔掉最后半个便士，跑去一个陌生的地方时，他在想什么？当他在伦敦毫无希望地忍受饥饿和天花时，他在想什么？他在想他从那以后就一直在想的东西，那缓慢而又必然的社会革命浪潮；你一定要从这些枯燥的句子和空洞的岁月中，读懂我将试图在第三部分概括的东西。你一定要了解19世纪后期的革命运动[1]，它的确因唯物主义而变得黯淡，被恐惧和自由思想而改变，但却充满了逃离亚当诅咒[2]的可怕前景。

萧伯纳恰好出生在历史上一个以它的方式独一无二地存在的时代，更确切地说，出生在这个时代的尾声。从改革的成功、迅速和最终停止方面来看，19世纪并不独特，但它的独特之处在于，成功之后的失败具有独特性。法国大革命是一次伟大的人类成就，它改变了欧洲每一部法律的条款，重塑了欧洲每一座城镇，但在这个强劲而迅速的改革时期，它绝对不是唯一的例子。共和派的能量真正奇特的地方在于，它留下的不是一种普通的反应，而是一种沉闷的、旷日持久的、毫无意义的希望。强烈而鲜明的改革思想越挫越低，最后变成了一种怯懦而无力的进步思

1　1864 年第一国际成立。1871 年巴黎公社成立。1889 第二国际成立。

2　根据《圣经·创世纪》，亚当和夏娃受到蛇的引诱，吃了智慧树的果实，被上帝罚出伊甸园，终身劳苦。

想。到了 19 世纪末，出现了两种不可思议的人物，他们是纯粹的保守派和纯粹的进步派，他们会令历史上其他任何知识分子联合体笑得前俯后仰。几乎没有哪一代人不明白只向前走或者停滞不前——即只进步或者只保守——是多么愚蠢。在最粗俗的希腊喜剧中，我们可能会有这样一个针对保守派的笑话：一个人想要保留他所拥有的一切，不管是黄金还是黄热病。在最乏味的中世纪道德中，我们可能会有这样一个针对进步派的笑话：一位进步的绅士，经过天堂来到炼狱，他决定走得更远，但处境越来越糟。12、13 世纪是一个进步迅猛的时代，这一时期的道路、贸易、综合哲学、议会、大学、一部试图管辖全世界的法律迅速发展[1]，还出现了恨不得触及天空的尖塔。但那个时代的人们不会说他们想要进步，只会说他们想要道路、议会和尖塔。从黎塞留到革命时期也是如此，这一时期保留了酷刑、合法诡辩和专制，总体上是一个保守的时代，甚至可以说是严酷、丑恶的保守时代。但如果你问当时的当权者，他们不会说他们想要保守，只会说他们想要酷刑和专制。过去的改革者和暴君都想要明确的东西，诸如权力、执照、报酬、否决权和许可。只有现代的进步派和保守派满足于

1　自 12 世纪开始，天主教教会法以《格拉提安努斯教令》的编纂（约 1140 年）为主要标志，进一步发展起来，且管辖范围不断扩大。

两个词。

其他一些积极进取的时期也因最终僵化成某种常规而无果。因此，13世纪的哥特式欢乐僵化成了15世纪的哥特式丑陋。也因此，文艺复兴巨浪的顶峰虽已冲往天堂，却被古典主义的冬日巫术所触动，在落下之前就永远冻结了。在所有这类运动中，只有上两个世纪的民主运动没有冻结，还有一定活力。随着时间的推移，民主运动没有变得更加迂腐，而是更加迷惘了。用正常的历史做类比，我们应该继续崇拜共和，越来越严肃地称呼彼此为公民，直到真相的另一部分闯入我们共和的殿堂。但事实上，我们已经把民主自由变为了纯粹的怀疑主义，这种怀疑会破坏一切，包括民主本身。它的破坏性不小，因为，虽然可以说它是一种乐观的怀疑主义，但也可以如我所说，是一种沉闷的希望。它没有变得更好，因为破坏者们总是在谈论他们的新否定给我们带来的新前景和新启发。共和的殿堂，如同其他任何坚固的建筑一样，依赖于一定的限制和支撑。但里面的现代人却不停地在自己的房子上敲洞，还说那些洞是窗户。结果不难预见：当萧伯纳出现的时候，道德世界已经没有房子只有窗户了。

于是，这场伟大的比赛就如火如荼地开始了，萧伯纳很快就成了这一比赛的大师。现在，一个进步派或先进的人不是指一个想要民主的人，而是指一个想要比民主更新的东西的人。一个改革家，不是指一个想要议会或共和的人，而是指一个想要任何他没得到的东西的人。这个不受束缚的人一定会用一种奇怪的、怀疑的眼光打量世界上的所有机构，想知道它们中的哪些注定要在接下来的几个世纪里消亡。他们每个人都在喃喃自语："我能改变什么呢？"

这种相当模糊的、各不相同的不满，很可能确实揭露了许多偶然的错误，促使许多某些犄角旮旯里的艰苦工作更加人性化。它还引发了大量徒劳而疯狂的投机，似乎注定要从女人手中夺走孩子，或是给浪荡子投票权。但它里面有一种罪恶，比任何表层的荒谬都要深得多，对心理的毒害也要大得多。在这种对"进步"的渴望中，有一种微妙的两面性和虚伪。这就像一个人急于超越自己的年龄，以至于他竟假装超越了自己。对于他健全的天性和习惯完全接受了的那些制度，出于对未来卑屈而势利的恐惧，他不得不嘲笑它们过时了。走出原始森林之后，纵观历史上所有真正的进步，人类都是顺从本能，或者用一句绝妙的话来说，是凭直觉选择道路的。但现在人类正试图通过暴力运动，走到自己的鼻子前面去。

萧伯纳把爱尔兰人的尖锐和清教徒的专注，带入了这场想象中的革新的变化中，并在这场既现代又聪明的复杂艺术中彻底打败了所有竞争者。在多个不足道的争议中他选择了革命的立场，恐怕主要是因为它被称作"革命"。但是其他革命家却被自己人提出的相当理性和巧妙的论点吓了一跳。大多数新事业的乏味之处在于，它们得到的称赞都是用非常陈旧的术语来说的。每一种新的宗教，都在说那些"更亲密的关系和更高层次的生活"之类的老生常谈，让我们感到厌烦。而萧伯纳为这些最新的计划和教义找到了真正新鲜而带有个人特色的观点，没有人能与之相提并论；在为一种新的哲学真正提出一种新论点方面，没有人能望其项背。我举两个例子来证明我的论点。萧伯纳（他真心渴望在任何事情上都站在现代这一边）站在所谓的女权主义运动一边，他提出不仅要给两性平等的社会地位，而且要完全相同。对此，一般人通常会说，女性不能当兵；明智的女权主义者会说，女性面临她们自己的身体风险；愚蠢的女权主义者会说，战争是一种过时的野蛮东西，女性应该废除它。但萧伯纳的观点则是，女性已经当过兵了，在所有自然的和非正式的战争中，比如法国大革命。这个具有巨大的辩论价值的论点是意料之外的，会在一个重要时刻让对手哑口无言。再举个例子，萧伯纳发现自己在同一个疯狂的现代化恶魔的带领下，站在了那些想要推行语音拼写法的人一边。这些希望采用语音拼写法的人，总是不知疲倦、毫无品位地解释说，如果把height（高度）拼成hite（海特），对孩子或外国推销员来说会容易得多，这让全世界都备感抑郁。反对者提出，不管用哪种拼写法，孩子们都讨厌拼写，另外我们也不会允许外国推销员改写莎士比亚的名字。萧伯纳提出了完全不同的观点，他提出莎士比亚自己就相信语音拼写，因为他用六种不同的方式来拼写自己的名字。按照萧伯纳的说法，语音拼写只不过是回归到了伊丽莎白时代文学的自由和灵活。这再一次，对那些支持原有拼写法的人造成了意想不到的打击。事实上，我所引用的这两个巧妙说法都有应对之策。当女性在革命中战斗时，她们歇斯底里的残酷和傲慢，一般就会体现出她们不适合革命。至于第二个例子，莎士比亚唱得比写得还好，但这并不意味着他和我们的拼写法就应该被一个完全丧失了歌唱本能的种族突然改变。但我不想讨论这些观点，我引用它们只是为了证明萧伯纳这种惊人的能力，正是这种能力让他进入大众的视野，甚至使他得以用原创性和启发性的思想照亮了我们的现代运动。

萧伯纳为无数的怪人和革命家找到了相当合理的论点，这让他们感到惊喜，但他也有别的发现，让他们感到不快。他发现了一种使他们终生苦恼的辩论技巧或思维方式，因而在他们的各种集会上，在费边社或整个社会主义运动中，他获得了一种不可思议而又令人敬畏的支配地位。这种方法可以近似地定义为通过使他们的理性对抗他们残存的感情，对革命者进行革命。但这一定义并没有解释清楚这个问题，除非我们举一两个例子加以说明。

萧伯纳就像任何一个"新女性"那样，完全投入到解放女性的事业中去。但就在新女性把女性吹捧为先知的同时，萧伯纳这个新男性把她们当成平等的同志来对抗。对其他人来说，性别平等意味着解放女性，允许她们与男性平等。对萧伯纳来说，性别平等则主要意味着解放男性，允许男性不得体地对待女性。确实，几乎萧伯纳早期的每一部戏剧，都可以被总结为一男一女之间的争论，在这场争论中，女方会被拳打脚踢，被哄骗智取，直到她承认她与她的征服者是平等的。这是第一个例子，萧伯纳用浪漫理性主义者自己的理性来反对他们自己。他说过："如果我们是民主党人，我们就争取女性投票权；但如果我们是民主党人，我们为什么应当尊重女人[1]？"这样的例子有很多，我再举一个。萧伯纳很早就投身于所谓的世界革命俱乐部，社民党的人称之为"国际主义"。但这个俱乐部的成员不只有社会主义者，还有很多自认为是受压迫民族——波兰、芬兰甚至爱尔兰——捍卫者的人，因此，他们的革命运动中存在着强烈的民族主义倾向。萧伯纳采取了突然的激烈力量反对这种民族主义倾向。如果英国的国旗是海盗的幌子，那波兰的国旗不也是海盗的幌子吗？如果我们憎恨现有军队在边疆的侵略行径，为什么我们要建立新的侵略军队，在

1　意思是说男女本来就平等。

边疆造成新的侵略呢？其他所有革命家都本能地赞同爱尔兰实施自治（Home Rule），萧伯纳则极力主张，实际上，自治就像家庭影响（Home Influences）、家庭烹饪（Home Cooking）以及其他所有以"家庭"这个词开头的可耻的家庭生活[1]一样糟糕。他对南非战争的最终支持，很大程度上是出于他对其他革命家支持民族主义反抗的愤怒。普通的帝国主义者反对支持布尔人的人是因为那些人不爱国，萧伯纳反对支持布尔人的人则是因为那些人爱国。

不过，在萧伯纳利用怀疑主义对抗怀疑主义者的这些出乎意料的攻击中，有一次攻击在他的生命中占据了重要地位，而且是所有这些反应中最有趣的，或许也是最有益的。反对宗教的"进步"世界自然觉得自己跟科学是同盟，它将永远用科学家的权威来攻击牧师的权威。萧伯纳凝视着这个新权威，这个以赫胥黎[2]和丁达尔[3]为代表的蒙纱的新神，看了一会儿，然后极其平静而精准地踢在了它的肚子上。他向身边目瞪口呆的进步派们宣称，物理学就像祭司制度一样是一种神秘的假象，科学家就像牧师一样用

1　原文"domesticities"，其形容词 domestic 也有"国内"之义。此处为双关。

2　托马斯·亨利·赫胥黎（Thomas Henry Huxley），英国博物学家、生物学家、教育家。极力宣传达尔文进化论。提倡科学教育，反对古典教育。

3　约翰·丁达尔（John Tyndall），英国物理学家，英国皇家学会物理学教授。首先发现和研究了胶体中的丁达尔效应。

权威说话，因为他们不能用证据或理由说话，科学的奇迹大多是谎言，就像宗教的奇迹一样。他在某处说过，"当天文学家们告诉我恒星离我们如此之远，它发出的光需要一千年的时间才能到达我们时，在我看来，这个谎言的量级毫无艺术可言"。这种放肆无礼的评论令每个人都感到窒息，即使到了今天，作为萧伯纳的讽刺斗争的特别部分，它也远远没有得到应有的重视。萧伯纳的争论中，有一种很明显的因素，他明显的夸张之辞通常有知识的支撑，而不是为了夸张而夸张。他会用幻想来引诱敌人，再用事实来击倒他。因此，当科学家读到萧伯纳将赫胥黎比作一个正在挖取动物内脏的部落占卜师时，他认为作者只是个怪人，科学只用一根手指就能碾压他。因此，他会与萧伯纳就（我们可以这么说）活体解剖展开争论，并惊恐地发现萧伯纳确实很了解这个问题，可以向他提供专家证人和医院报告。作为一个怪人，在他身上许多奇奇怪怪的矛盾中，最有趣的莫过于他的观点在细节上既准确又勤勉，在概括上既大胆又带有一定的野性。

萧伯纳在这场伟大的游戏中打得革命者们措手不及，揪出了那些摆着保守姿势但不守传统的人，打败了进步派，使他们觉得自己像保守派，破坏了虚无主义者的根基，使他们觉得自己像上议院。在一段时间里，这种扰乱无政府主义者的把戏一直是他很有效的手段。说他愤世嫉俗是不对的，他从来不曾愤世嫉俗，因为那意味着对人类事务产生了某种不道德的疲劳，而他品德高尚，活力十足。说他是怀疑主义者也不公平，因为那意味着绝望的教条，以及对不信的明确信仰。但无论如何，这次说他是个具有破坏性的人是相当公平的。按照他自己的看法，他的主要工作就是戳破幻想，剥去伪装，甚至摧毁理想。他是一个反甜品的人，他的全部工作就是去掉姜饼的糖衣。

我并不特别反对那些去掉姜饼糖衣的人，因为我更喜欢姜饼本身，而不是糖衣。但当这个任务成为一项事业或者有人痴迷于此时，我就有些反对了。原因之一是：那些会刮除姜饼糖衣的人，通常会浪费他们的余生去刮除巨大金块上的镀金层。这种情况在萧伯纳身上已经发生得太多了。如果他愿意，他可以抹去欧洲军备或英国政党体系的浪漫色彩；但他不能抹去爱情的浪漫，不能抹去军人英勇的浪漫，因为爱情或者军人英勇本身就是浪漫，而且非常深厚。我认为，不可否认的是，萧伯纳的大部分精力都浪费在了这项枯燥乏味的工作上，即啃噬所有可能存在的团体的必要支柱。但是，如果要说他即使在这项工作的第一阶段——也是最具破坏性的阶段，除了这些偶然的，甚至可以说醒目的否定以外就不曾发声，那就太不公平了。他把自己全部的才华都投入到了这期间的两项积极的计划或者说事业中。当我们谈到这些时，我们实际上已经说明了他开启文学生涯的全部智力装备。

我已说过，萧伯纳在任何事情上都站在反叛者的那一边，但在这两个重要的信念问题上，他行使了选择权，使用了其坚实力量。他初到伦敦时，混迹于各种各样的革命社团，认识了各种各样的人，除了普通民众。可以说，他认识每一个人，但又谁都不认识。他不止一次突然离奇地出现在这些受人尊敬的无神论者中间。他认识布雷德洛[1]，曾在科学大厅的讲台上发表演讲，在那里，纯朴而真诚的群众常常为确信自己不会永生而欢呼雀跃。直到今天，那间屋子的嘈杂和狭隘还停留在他的脑海中，比如当他说渴望永生是可鄙的时候。这种偏见与他目前的观点是直接对立的，他目前的观点是，渴望权力、清醒和活力是光荣的，即便是为了自己。他这种观点实际上美化了自私，但在这之后很长时间，这个古老的世俗标签——拯救个人灵魂是自私的，仍被人们贴在他身上。这是他早年时期思想混乱造成的结果。另外，正如他同无神论者们混在一起一样，他也和无政府主义者们混在一起。无政府主义者在（19世纪）80年代还是一个比现在强大得多的群体，几乎与社会主义者势均力敌，他们与后者争论不休，声称自己才是正宗的革命继承人。对这个据我所知几乎全由女性组成的群

1　查尔斯·布雷德洛（1833—1891），英国激进主义思想家，无神论者，反对偶像崇拜，在共和主义者和改革派中享有盛誉。

体，萧伯纳仍然津津乐道。当一本名为《无政府主义者中的一个女孩》的书出版后，萧伯纳的这部分回忆如同爆炸一般被激发出来。"无政府主义者中的一个女孩！"他对本传记作者喊道，"如果他们写'无政府主义者中的一个男人'，那才更像一场冒险。"他还准备讲述关于这个古怪环境的其他故事，但大多数故事都不会让人感觉这个团体的氛围有多振奋人心。这个革命团体当然有许多崇高的公众理想，但也有相当多的低级私欲。当人们指责萧伯纳无情冷漠，指责他拒绝敬畏或赞美时，我认为他们应该记得这群情绪化的目无法纪的乌合之众。以萧伯纳的常识，他必须与之斗争，与所有夸夸其谈的"同志"和所有滔滔不绝的"亲密关系"、所有甜蜜的感官享受和毫无意义且违法的愠怒做斗争。如果萧伯纳变得有点太喜欢给预言或理想泼冷水，请记住，他一定是在一群世界理想主义者中度过了他的大部分年轻岁月，而这些人无论从哪个角度来说都需要一点冷水。

他把精力集中在这两项现代事业上，如我此前所说，他选得很好。第一个是广义的人道主义事业。广义意味着，它不仅跟人类有关，而且跟一切事物有关。在最崇高的意义上，它意味着对我们的生命与整个自然生命的一种神秘认同。所以当一只蜗牛被踩扁时，一个人可能会畏缩，好像被踩到的是他的脚趾；所以当一只飞蛾扑进火里时，一个人可能会畏避，好像着火的是他的头发。人类可能是一张精致的遍布整个宇宙的神经网络，就像一张微妙的、带着怜悯的蛛网。这是一个很好的构想，不过也有可能人类只是在郑重地执行一个神学概念——人类的特殊神性。因为人道主义者对人类提出的要求，肯定是不能向其他生物提出的；没有人要求狗去理解猫，也没有人指望牛会为夜莺的悲伤而哭泣。

萧伯纳加入了这一怜悯全宇宙的思想运动，但极具个人风格，他严肃，善于阐释，甚至冷漠无情。事实上，他对动物的遭遇充满了正常人都有的同情心，但在措辞上，他喜欢冷静地，甚至严厉地对待这件事情。我曾经在一个辩论俱乐部听到萧伯纳说他根本不是一个人道主义者，只是个经济学家，他只是讨厌看到生命因粗心或残忍而被浪费。我很想站起来问他接下来这个尖刻的问题："当你放过一条鲱鱼时，如果你只是从经济学[1]的角度考虑的，那你究竟是为了人还是鲱鱼而节约呢？"但在一个普通的辩论俱乐部里，我觉得大家也许不太能理解这个问题，所以我放弃了这个想法。不过当然，如果萧伯纳拯救了一头即将早逝的犀牛，他是为谁而节约就不明确了。但事实是，萧伯纳之所以摆出这种节约的姿态，只是因为他不愿意显得有情感。如果萧伯纳杀

1　原句为"If when you spare a herring you are only being oikonomikal, for what oikos are you being nomikal"。这句话中的"oikonomikal""oikos""nomikal"分别指"经济学""族群""经济"，均为希腊文，是作者玩的文字游戏。

死一条龙救出了一位公主，这样浪漫的情节，他会用"我节约了一先令"的语气说"我救了一位公主"。他试图把自己的英雄行为变成一种人类能力所不能及的节俭。他完全赞同他最喜欢的戏剧作家所写的那一段：铸纽扣人告诉培尔·金特[1]，存在着一种宇宙管家，上帝自己也是非常节俭的，"这也是为什么上帝做得那么好"。

这种最博大的仁慈和体贴，以及一贯不善的语气，贯穿了萧伯纳所有的道德话语，且在他对待动物的态度上最为明显。为了不给水族箱里的鲨鱼带来不便，或者为了给食腐乌鸦的生活增添一点舒适，他愿意一辈子都不去动物园。为了对最卑微的野兽或者最默默无闻的鸟表达怜悯，他可以违背法律或者失去朋友。然而，在他的全部作品中，在他的全部谈话中，我想不起有哪一个词是对任何鸟兽表达过温柔或亲密的。正是在这种崇高的、几乎是超人的责任感的影响下，他成了一个素食者；我似乎还记得，在他的《星期六评论》写作生涯即将结束时，他卧病在床，濒临死亡，仍写下了一篇精彩绝伦的文章，声称他的灵车应该由所有他没吃过的动物来拉。无论他的死期何时到来，都没必要退回到野兽的行列；世界上不缺少感激他的男男女女，他们会很乐意代

1　《培尔·金特》（*Peer Gynt*）是挪威著名文学家易卜生创作的一部最具文学内涵和哲学底蕴的作品，也是一部对中庸、利己主义者的讽刺戏剧。铸纽扣人也是戏剧中的角色。

替动物来拉他的灵车；本人乐意当一只大象来表达对他的感激之情。毫无疑问，萧伯纳在这类事情上本能地表现出了基本的男子汉气概和风度。抛开素食争议不谈，我毫不怀疑野兽也很感激他。但当我们说起积极的事物（激情是唯一真正积极的事物），在对萧伯纳的所有赞美背后，这种怀疑仍然牢牢地印在我们脑海里：萧伯纳是个素食主义者，更多的是因为他不喜欢死的动物，而不是因为他喜欢活的动物。

萧伯纳的另一项伟大事业也是如此：对这项事业，他更多的是在政治上投入，而不是在公开场合投入。真正的英国人，虽然在新闻界或者议会没有明示，但在酒馆和音乐厅里有隐晦的表达，他们会把（就他们所听说的）萧伯纳与两个印象联系起来。他们会说，首先他是个素食者，其次他是个社会主义者。就像大多数无知者对他的印象一样，这些印象总体上是非常公正的。我说这些的唯一目的，是强调萧伯纳的社会主义体现了与他的素食主义同样的气质特征。本书关注的不是作为政治家或社会学家的萧伯纳，而是作为评论家和剧作家的萧伯纳。因此，我将在本章结束我对萧伯纳作为政治家或者政治哲学家的所有论述。我在此建议摒弃萧伯纳的这一面：只让人们记住，永远记住，我在这里摒弃了萧伯纳最重要的一面。这就好像人们不理会米开朗琪罗的雕塑，转而去研究他的十四行诗。也许萧伯纳身上最崇高最纯洁的东西仅仅是他对政治的关心胜过其他任何事情，包括艺术和哲学。社会主义对于萧伯纳而言是最高尚的，也是他身上最高尚的。他更渴望收获成果，而不是赢得名声。他是那位先哲的绝对追随者，那位先哲希望能长出两片草叶而不是只长出一片[1]。他是亨利四世[2]的忠实拥趸，后者说他只希望每个法国人都能在星期日吃到一只鸡——当然，素食的萧伯纳会说这是同类相食。但在其他情况下，他更看重那只鸡，而不是宇宙帝国的雄鹰亨利四世；而且他时刻准备支持草芥对抗桂冠。

然而，从本书的性质来看，对萧伯纳作为社会主义者的描述，是最重要的，也必须是最简洁的。众所周知，社会主义（我在这里既不攻击也不辩护）主张所有财产都应当由国家所有，这样才能更合理地分配。这一主张建立在两个原则的基础上，原则本身是无可指摘的：第一，发生可怕灾难时人类需要即时的救援；第二，这种救援几乎必须由集体组织。如果一艘船失事

---

1 英国作家乔纳森·斯威夫特曾说过，谁让一串谷穗变两串，一片草叶变两片，谁就比所有政客更有功于人类，对国家的贡献就更大。（"Whoever could make two ears of corn, or two blades of grass, grow upon a spot of ground where one grew before, would deserve better of mankind, and do more essential service to his country, than the whole race of politicians put together."）

2 亨利四世，法兰西波旁王朝的创建者（1589–1610 年在位），是一个深受人民爱戴的君主。"要使每个法国农民的锅里都有一只鸡"是他的名言。

了，我们会组织救生艇救援；如果一座房子着火了，我们会准备毯子；如果半个国家都在挨饿，我们必须提供工作和食物。这是这位社会主义者最主要、最有力的论点，但他所附加的一切都在削弱这个论点。唯一可能反驳上述论点的观点是，上述两个原则所讲的情况并非常态，为什么我们非得用预防房子失火或者船只失事的心态来对待一个正常的国家。不过这件事情以后再说。这里的要点是萧伯纳对待社会主义就像他对待素食主义一样，他给出了所有理由，除了情感上的理由，而后者才是真正的理由。在《每日新闻》的一次讨论中，有人指责他（以众所周知的理由即贫穷是残酷的）是一名社会主义者，他说这是完全错误的，因为贫穷是浪费的。他实际上承认，现代社会让他很烦恼，与其说它像一个不公正的王国，不如说像一个凌乱的房间。当然，每个认识他的人都知道，他像穷人的兄弟一般对他们所受的压迫感到痛苦。但在这里，他又一次不会承认是别的原因，他只会说因为自己是个经济学家。

他这样坚决反对感情用事的论证方式，无疑对他所拥护的事业做出了重大贡献。每一个庸俗的反人道主义者，每一个想要活体解剖猴子或鞭打乞丐的势利小人，总是使用诸如"感伤"和"多愁善感"这样的陈词滥调，想以此显示人道主义者是软弱得只会流泪的人。但仅仅是萧伯纳的个性就彻底粉碎了那些愚蠢的话语。人道主义者萧伯纳就像人道主义者伏尔泰，他的讽刺就像钢铁，他是最坚强最冷酷的战士，那些捍卫残酷暴行的可怜人，只能在他的刺刀尖上像虫子一样蠕动。

在这场争论中，人们不可能希望萧伯纳少哪怕一丝的轻蔑，因为那些把同情称为"多愁善感"的人只配得上轻蔑。在这一点上，人们甚至不会责怪他的冷漠，因为与野蛮人和鞭笞狂粗浅的感情相比，他的冷漠值得尊敬。事实上，普通的反人道主义者只能通过在头脑中自我开解，才能真正硬起心肠。坚持要把一个黑奴活活烧死，这与人的情感是相反的，因为感情主义必定执着于愉快的想法。而任何人，哪怕是一个高级进化论者，也不会认为把黑奴活活烧死是一个愉快的想法。在炉火边暖手，却不承认有黑奴的存在，这才是感情主义，也是英国的主要习惯，萧伯纳的主要任务就是把它表现出来。在这一点上，暴行主义者恨他不是因为他软弱，而是因为他强硬，因为他不能被传统的借口所软化，因为他盯着一个东西看得很紧，而且打得更狠。某个愚蠢的家伙为了回应亨里[1]和惠布利[2]的作品，写道："如果我们要成为征

1　威廉·欧内斯特·亨里（William Ernest Henley），英国作家、编辑和文学评论家。代表作有诗歌《不可征服》（*Invictus*）。

2　查尔斯·惠布利（Charles Whibley），英国文学记者、作家，是一位杰出的保守派专栏作家，作品有《流浪之书》（*A Book of Scoundrels*）等。

服者，就必须少一些温柔，多一些无情。"萧伯纳以一种充满报复意味的讽刺回答："对于那些死在英国、法兰西和德国的顽强野蛮人手中的，温柔的伊斯兰托钵僧、富有同情心的祖鲁人[1]和义和团团民，这一原则的启示是多么醍醐灌顶啊。"这句话消解了那个愚蠢的观点，同时总结了欧洲的历史，但因其讽刺的形式而显得极为僵硬。社会主义者是软弱的梦想家这一观点，也被萧伯纳以同样的方式彻底消解了，他说那些人持有这种观点可能只是因为他们希望自己是社会主义者（也就是说他们自己是软弱的梦想家）。萧伯纳在跟利己主义者争论时，通常会体现出他是一个不错的经济学家，同时又是一个糟糕的修辞家。著名的费边社在这种氛围下应运而生，萧伯纳还是其精神领袖。这个社团以近乎冷嘲热讽的方式来陈述理论、打文字仗，从而回应对理想主义者的所有不切实际的指责。萧伯纳是该社团的文学专家，大部分小册子都是他写的。在《费边禁酒改革》《费边教育》之类的小册子中，有一篇文章严肃地以《费边自然科学》为题，论述了社会主义事业更需要光而不是热。

　　萧伯纳作为爱尔兰人的超脱和作为清教徒的严苛，对这个

1　祖鲁族是非洲的一个民族，主要居住于南非的夸祖鲁－纳托尔省（KwaZulu-Natal）。祖鲁王国是 19 世纪南非历史中的一个重要角色。1887年，英国吞并了祖鲁兰，祖鲁正式成为英国殖民地。

国家和他们为之奋斗的事业是大有裨益的，但对一件事并非如此——对于萧伯纳认识自己的主要错误和解决自己的真正局限并无好处。无论是过去还是现在，他都有一个很大的缺点——缺乏民主意识，他的人道主义和社会主义都毫无民主可言。这两种新的高级信仰往往使得他作为爱尔兰人的一面更加高贵，作为清教徒的一面更加排外。作为社会主义者，他看不起所有土地上的地主，尤其是他自己岛上的地主。作为素食主义者，他的道德观念奇怪而神秘，他认为，为自己的臣属烤牛肉的好领主，比烤自己臣属的坏领主也好不了多少。这些先进的观点，普通人听了不会高兴，不过萧伯纳也不是特别渴望取悦普通人。他像怜悯人类一样怜悯动物，这是他值得尊敬的地方；他像怜悯动物一样怜悯人类，这就是他的问题了。富伦[1]谈到民主时说，"让他们吃草吧"。萧伯纳则说，"让他们吃素食吧"。他比富伦更加仁慈，但是几乎一样轻蔑。"我对英国工人阶级从来没有任何感觉，"他曾在别处说过，"除了希望废除他们，并由明智的人们取代他们。"这是萧伯纳缺乏民主意识、无情的一面，但这件事也有更高尚的一面，

1　约瑟夫·富伦·德·杜，路易十六国王的财政大臣，被普通民众视为敌人。1789 年 7 月 14 日攻占巴士底狱后，他逃出巴黎城外被人发现了，农民们强迫他赤着脚走回城里。一群暴徒把稻草塞进他的嘴里，把砍下的头挂在长矛上示众。巴黎的平民声称，当被告知全法国的穷人正在挨饿时，富伦回答说，让他们吃草吧。

在我们谈更轻松的事情之前，至少必须严肃认识到这一点。

萧伯纳不是一个民主人士，但他是一位杰出的共和主义者。这两个术语之间的细微差别精确地描述了他。毕竟，英国还是有相当的似是而非的民主，具体来说就是英国存在着大量盲目的兄弟情谊，在守旧甚至反动的人群中最为明显。但共和主义者很稀有，还很高尚。萧伯纳无论从字面还是从内涵来说都是个共和主义者，他对公共事务的关心甚于私人事务。对他而言，追求国家利益是发自灵魂的一种真诚渴望，就像过去的异教小城市一样。而现在，社会上这种公共热情，这种对秩序和平等的渴求，在萧伯纳的早期时代就已经降到低谷了，几乎完全消失了，比以往任何时候都稀缺。最糟糕的个人主义正处于潮流顶端，我是指艺术个人主义（artistic individualism）。艺术个人主义比商业个人主义（commercial individualism）更残酷，更盲目，也更不理性。艺术家赞扬社会的腐朽，就像虫子赞扬尸体的腐烂一样。唯美主义者像跳蚤一样，来者不拒；他们在这个世界上的唯一事情，就是以世界的事实和色彩为食，就像吸血的寄生虫一样。在这种社会氛围下，自我就是一切，诗人们用越来越疯狂的节奏赞美它，苦艾酒和噩梦就是他们的灵感源泉。他们抱着这种病态的自尊心，对公共利益毫无意识，认为所有政治术语都毫无趣味，毫无意义。这不再是一人一票的问题，而是一人一个宇宙的问题。

在我的一生中，我曾抨击过费边社，曾抨击过计划的陈腐和专家的傲慢，我现在也不后悔。但当我想起费边社曾高举着洁净和常识的资产阶级旗帜反对另一个世界时，我不会不体面地结束这一章。我宁愿要费边社的排水管（pipes），也不要晚近诗人的排箫（panpipes），排水管的味道还好闻一些。我宁愿要那种把人像野兽一样赶在一起的商业上的仁慈，也不愿意要那种把人像魔鬼一样隔离开来的精湛艺术。我宁愿受到"扎奥"[1]所受的压迫，也不愿意获得"莎乐美"所获的胜利[2]。如果说我的这番告白应当归功于那些在任何社团里什么都干不了只能当专家的费边社员，

---

1 扎奥（Zæo），真名阿德莱德（1863–1906），是一名女杂技演员，表演空中飞人和从高空跳台跳水的大胆动作。虽然她备受群众喜爱，人们成群结队地去看她表演，但在 19 世纪 80 年代，她也被清教徒式的维多利亚社会所鄙视，他们认为年轻女性不应该从事这种危险行为。她的体操技巧和此后的舞蹈技艺，以及她在慈善事业方面的慷慨经常被忽视，因为当时国家警世协会和伦敦郡议会当局对她的道德进行了愤怒的谴责。

2 莎乐美（Salome）是希罗底（希律王的第二任妻子）的女儿，希律王的继女。其母因施洗约翰指责她通奸，阻止希律王娶她为妻，从而对施洗约翰怀恨在心。莎乐美听从母亲的指使，在为希律王跳舞后，要求以施洗约翰的头颅为奖赏。这一故事被王尔德改编为戏剧《莎乐美》。剧中希律王对继女莎乐美产生迷恋。而莎乐美由于向施洗约翰求爱被拒，愤而请希律王将约翰斩首，把约翰的首级拿在手中亲吻。最后，莎乐美也被处以死刑。

比如西德尼·韦伯[1]先生或爱德华·皮斯[2]先生，那更应当归功于费边社员中最伟大的那个人。这个人本可以在艺术家中间欣赏艺术，本可以成为浪荡子中最聪明的人，本可以写出钻石一样的隽语，本可以像品味美酒一样品味音乐，但他没有。他在一堆统计数据中埋头苦干，脑子里塞满了所有最枯燥、最肮脏的细节，这样他才能一时冲动就与人争论有关缝纫机、污水、伤寒或伦敦地铁的问题。通常的动机理论涵盖不了这种情况，他做这些并不是出于野心，因为作为一个可信的、受欢迎的幽默作家，他本可以获得远高于此的成就。他的这一切都是出于对人民福祉的真实而古老的感情，这种感情在我们寡头政治的混乱中几乎已经消失了。就我个人而言，虽然在诸多问题上与他存在分歧，但我也不会忘记向如此不可调和而又纯洁的激情致敬。

---

1 西德尼·韦伯（Sidney Webb），著名的英国工联主义和费边社会主义理论家、改良主义政治活动家，知识渊博的学者。

2 爱德华·皮斯（Edward Pease），英国社会主义者，费边社的创始人和领导人之一，费边社的书记，曾参与创建工党。

评论家

The Critic

萧伯纳长时间以来都默默无闻，而且几乎成了乞丐，对本作者来说似乎有点不可思议。他的才能是那样耀眼夺目，我本以为编辑和出版商也会有足够的理智去抓住机会。不过可以肯定的是，萧伯纳在伦敦忍饥挨饿好多年，偶尔写一写广告专栏，或为图片配文字。另外相当确定的是（有二十件逸事可以证明，不过认识萧伯纳的人都不需要什么逸事来证明），在那些绝望的日子里，他一次又一次地放弃了机会，放弃了那些不符合他独特的、反复无常的荣誉感的好买卖。第一个在与萧伯纳相称的平台上将他介绍给公众的人，是威廉·阿彻[1]先生。

　　我要说的是，这样一个作家竟然没能在一瞬间得到赏识，这似乎很奇怪，但显然有人不这么认为；对我来说，这就更奇

---

[1] 1883 年，萧伯纳在图书馆的阅览室里认识了当时的剧评家威廉·阿彻（William Archer），他们开始洽谈合作，阿彻也为萧伯纳找了一份报刊的评论工作。

怪、更难以解释了。我听过许多人抱怨萧伯纳故意迷惑他们。我不明白他们是什么意思，在我看来他是故意侮辱他们。他的语言，尤其是在道德问题上，通常像驳船船员一样直接可靠，而远不像双轮马车车夫一样浮华。那个富裕的英国蠢人抱怨萧伯纳在愚弄他，但萧伯纳根本就没有愚弄他，萧伯纳非常清楚地称他为傻瓜。萧伯纳称地主为窃贼，而那位地主，他对此没有否认也没有生气，而是说："啊，那个家伙把他的意思隐藏得如此巧妙，别人永远也不明白他是什么意思，一切都是那么巧妙离奇。"萧伯纳当面称一个政治家为骗子，这位政治家则以一种狂喜的口吻喊道："啊，多么离奇、复杂而又纠结的思想脉络！啊，多么难以琢磨、丰富多彩又含混不清的神秘！"我认为萧伯纳的意思一直很明显，即使是在他开玩笑的时候，他的意思通常是：跟他讲话的人应该为他们的罪孽大声号哭。但这些人毫无疑问都认为萧伯纳的意思复杂而机智，实际上他的意思很直接，很无礼。那些人总是在萧伯纳扯他们鼻子的时候，指责萧伯纳扯他们的腿。

这种机敏辛辣的风格是他在公开场合学会的，他多次站在浴缸或平台上发表政治演讲，他对此感到非常自豪。他吹嘘自己是个煽动家。"这种机敏辛辣就是我的战车和号角。"他如此说道，判断力准确得令人钦佩。每个人都会记得西哈诺·德·贝热拉克在同名剧[1]第一幕中的生动出场，和其他戏剧中的演员不同，他没有从门窗进入舞台，而是突然跳上了一张椅子，椅子下方是他此前一直隐身其中的观众，"他双臂交叉，戴着毡帽走上战场，他的胡子竖立，还长着可怕的鼻子"。当萧伯纳跳上特拉法尔加广场的椅子或者浴缸时，我不会说他戴着帽子走上战场，更不会说他的鼻子可怕。但是，正如西哈诺这样跃出人群我们才能清楚地看到他，我想，我们可以利用萧伯纳跳上他的小舞台的那一刻，看清他那一时期的样子，尽管他很大程度上一直没变。我至少是到他中年时才认识他的，但我想，我可以看到更年轻的他——在煤气灯摇曳的亮光中第一次站上一辆战车的他，那时的他眼神更机敏，发色更鲜艳，而肤色却更苍白。

　　人们对萧伯纳（不是那个人们读过且通常会反驳的萧伯纳）的第一个认识就是他的声音，首先它是一个爱尔兰人的声音，然后它有点像音乐家的声音。他的声音可能在很大程度上解释了他的职业生涯：一个人的声音这样令人愉快，人们可以包容他说了这么多无礼的话。但他的声音不只是讨人喜欢的爱尔兰声音，它还是坦率的，就像在邀请你参加会议一样。这种声音与他的风格

1　《西哈诺·德·贝热拉克》，又名《大鼻子情圣》，是青年诗人、剧作家埃德蒙·罗斯丹的剧作。1897 年 12 月 27 日晚在法国巴黎的圣马丁剧院首演。

和姿态相配——那是一种只能用十分随意且引人瞩目来形容的风格和姿态。他假定这种生理优势对演讲术非常重要，但他的这种假定带着一种近乎炫耀的漫不经心；他把头往后一仰，很随意，还笑着。他一边趾高气扬，一边又耸耸肩膀，仿佛要把他装成自信演说家的斗篷从肩膀上抖下来。最后，没有人比他更擅长以声音或手势表示肯定，没有人比他更擅长以一种自然的，甚至是漫不经心的确信语气说："我告诉琼斯先生，他完全错了。"

萧伯纳这种声音的特征或音高的特殊变化，既具有说教性，又不显得疏远，必须被视为一个非常重要的事实，特别是，这个事实与第一次听到这种声音的时期有关。我们必须记住，萧伯纳之所以成为智者，是因为他出现在一个低级智慧时代；历史上有很多个这样的年轻人过于早熟的时代，它们作为乏味的幕间节目，将重要的历史时期分隔开。奥斯卡·王尔德是这一时期的神，但他比一般人那种乏味、高雅的厚颜无耻，要神秘得多，如果不说是怪异的话。据我所知，有两个人不受这一时代的低级智慧污染，他们是马克思·比尔博姆[1]先生和格雷厄姆·罗伯逊[2]先

---

1 马克思·比尔博姆（**Max Beerbohm**），英国著名作家、漫画家、评论家。
2 格雷厄姆·罗伯逊（**Graham Robertson**），英国画家、作家、收藏家。《纽约时报》曾高度赞扬他的艺术修为和品位，认为英国的博物馆都欠他一个席位。

生，两个非常迷人的人，但他们不得不生活在乌烟瘴气中。这个时代的注解之一是一种矫揉造作的沉默，人们总是在等待能够植入完美隽语的时刻。这个时代产生的典型人物过于自负，不愿制定规则。现在当人们听说萧伯纳很风趣（他确实很风趣），当他们听到他的名言被不断引用，就像惠斯勒[1]和王尔德的名言那样，当他们听到他说"七个致命美德[2]"或"谁是霍尔·凯恩[3]"时，他们以为萧伯纳又是一个只会挖苦人的花花公子——这种人以一句讽刺走天下，就像蜜蜂带着一根刺到处飞，耐心而又恶毒。当他们亲眼见到这位幽默家新星，亲耳听到他说话时，他们发现他没有挂着一成不变的冷笑，没有身着礼服，没有戴绿色康乃馨，没有萨沃伊餐厅里的那种沉默的礼貌，他不惧怕看起来像个傻瓜，也没有特别想表现得像个绅士。他们发现他是一个健谈的爱尔兰人，声音和善，穿一件棕色外套，姿态开放，明显希望人们是真的赞同他。毫无疑问，他也有矫揉造作的德行，也有巧舌如簧的

---

1 詹姆斯·惠斯勒（James McNeill Whistler），著名印象派画家，作品有铜版画《法国组画》、肖像画《母亲》及组画《泰晤士河》等。

2 柏拉图提倡智慧、勇敢、节制、正义"四美德"，基督教在此基础上补充了"神学三德"——信仰、希望和博爱，合为"七主德"。

3 托马斯·亨利·霍尔·凯恩爵士（Sir Thomas Henry Hall Caine），通常被称为霍尔·凯恩，英国作家，代表作有《天主教徒》《曼岛人》等。他是维多利亚晚期和爱德华时代最著名的小说家和剧作家之一。在他成功的巅峰期，他的小说销量超过了他同时代的人。

本领；但是，感谢上帝，他彻底打破了花花公子——一群戴着单片眼镜[1]的小个子[2]，在众多茶桌上冻结了信仰和乐趣——的魔咒。比起王尔德那种坚硬如宝石的光辉，或是惠斯勒那种看人下菜碟的坏脾气，萧伯纳富有人情味的声音和热忱的态度显然更像伟人的特质。他也傲慢，但是他的傲慢更轻松愉快。面对他犀利智慧的眼睛，他那只单片眼镜无地自容。

除了和蔼而豪迈有力的声音，以及瘦削、放松、神气十足的身材之外，他那张令许多漫画家都以之为乐的瘦削脸庞也强化了他的个性，那张梅菲斯托[3]般的脸上长着浓密的眉毛和分叉的红胡子。不过，那些漫画家们虽然天生喜欢这样一张引人注目的面孔，却多少有些歪曲了它。他们仅仅把它画成撒旦似的模样，但实际上他的表情中既有仁慈，也有嘲讽。到这时，他的服装已经成了他个性的一部分，人们开始把他这套红棕色的猎人套装想象成红棕色的皮毛，如同头发和眉毛，是动物的一部分。不过也有人声称自己还记得，在萧伯纳穿这套服装之前，他的形象更加可怕，他穿一件破烂的长礼服，戴一顶草帽。我简直不敢相信，这

---

1 在 19 世纪初英国开始出现的那群"花花公子"（英文 dandy，又被译为"纨绔子弟"）中，佩戴单片眼镜是一种社会时尚。

2 萧伯纳身高至少有 180 厘米，在同时期的人群中也算是身材高大的。

3 梅菲斯托（Mefistofele）是歌德诗剧《浮士德》中的魔鬼。

个人如此有个性，肯定时刻穿着得体。无论如何，他那棕色的羊绒衣服既美观又卫生，完全让他散发出了他所希望的魅力——这可以被定义为一种虽然古怪但可以理解的正常心态。但是，人们最初对他的评价模棱两可，这很可能是由于他（的不同着装风格）在当代艺术界发挥了不同的作用。

他的写作生涯从写小说开始。他的小说没多少人读，也确实不值得读，除了那本粗糙而出色的《卡舍尔·拜伦的职业》。威廉·阿彻先生，为他年轻的爱尔兰朋友好心地努力了一番，把这本书送到了萨摩亚群岛[1]，征求现代评论家们最淘气又最有用的意见。斯蒂文森仅从萧伯纳写的一只浪漫的狮鹫对着自己追寻的大自然放声大笑的这一片段，就对他做了大致总结。他还加上了那句并非完全没有道理的附言："我说，阿彻——我的天，女人呐！"

小说这条路基本上被放弃了，但他开始在三种艺术中摸索自己的道路。他身兼艺术评论家、戏剧评论家和音乐评论家。毋庸多言，在这三个方面，他都支持最新风格和最具革命性的学派。他为这三种艺术写评论，就像他会为其他任何东西写评论一样，

1 萨摩亚群岛 (Samoa) 是位于中太平洋南部，距新西兰东北约 2600 公里的岛群。1890 年，斯蒂文森定居于萨摩亚群岛的乌波卢岛。

人们通常认为，比起诗歌，数学家更加热爱和理解音乐，萧伯纳也是一样。事实上，为了公正地评价莎士比亚的诗歌，他总是称其为"文字音乐"。要解释纯粹的逻辑学家对音乐的特殊依恋并不困难。如同地球上的每一个人，逻辑学家的生活中也一定有情感和浪漫；在每个人的生活中，事实上完全可以说，在每个人的生命中，情感都是最坚实的东西。但如果极端逻辑学家把自己的情感转向诗歌，他们会感到愤怒和困惑，因为他们会发现，他们的行话被诗人以完全不同的意义用在了诗歌上。他们认为自己理解"可见"这个词，接着他们发现弥尔顿用它来形容黑暗，但黑暗中没有什么是可见的。他们认为自己理解"隐藏"这个词，然后他们发现雪莱在谈论一个藏在光里的诗人。他们有理由相信自己理解了"悬挂"这个普通的词语，然而埃文河畔斯特拉福的绅士威廉·莎士比亚严肃地写道，高高的海浪悬挂在光滑的云层上，发出震耳欲聋的喧嚷。这就是数学家一般喜欢音乐而不喜欢诗歌的原因，文字是他们的科学工具，如果它们竟然成了别人的乐器，这会让他们大为光火。他们愿意看到人们耍把戏，但不愿意看到人们用他们的私有工具和财产——他们的术语来玩把戏。因此，他们将目光转向音乐，然后如释重负。音乐有着同诗歌一样的魅力和启发灵感的妙处，有同诗歌一样的纯洁和催人奋进的力量，但不会出现"光封印了事物"或者"黑暗中可以看到黑暗"这类语言。音乐是一种美，它美在抽象，美在解脱。它是一种无形的、流动的美，一个人可以漂浮其上，既不肯定真理，也不否认真理。萧伯纳，虽然如我所说，远远超过了所有这些纯粹的数学家和迂腐的推理家，但他还是有部分感觉与他们相同。他热爱音乐，因为音乐不能处理浪漫的事物，无论它们是对的还是错的。音乐可以是浪漫的，但不会让他想到莎士比亚和沃尔特·司各特——他不甚赞同他们。音乐可以是天主教的，但不会真的让他想起天主教堂——他从未看过，也肯定不喜欢。萧伯纳可以同意音乐家瓦格纳的观点，因为后者不用语言表达；如果瓦格纳不是音乐家，萧伯纳肯定会跟他发生争论。因此我认为萧伯纳对音乐的热爱（这一点很重要，在他的故事中，这一点就算不能最先提到，也应当早点提到），本身可以被视为一种安全阀，它适时适量地释放想象力给这位理性主义爱尔兰人。

关于萧伯纳和音乐，我们只能猜测这么多，不能再多说了。萧伯纳对音乐的理解要比我深刻得多，很有可能他在那种语言和氛围之下，展现出的样子和在别处完全不一样。当他用笔写作时，我知道他有局限，虽然我非常钦佩他的才华；我知道他确实不喜欢浪漫。但当他弹奏钢琴时，（据我所知）他可能是在竖起羽毛，是在拔剑，或者饮干壶里的酒。当他说话时，我确信有一些事情是他不懂的。但当他（在女王大厅）倾听音乐时，他也许真的无所不知，包括对上帝和对我。关于他的这部分，我是一个虔诚的不可知论者；写作对象中有这样一块黑暗大陆是好事，它保留了两件非常重要的事——传记作者的谦虚和传记本身的神秘。

总的来说，萧伯纳作为音乐评论家，把自己总结为"完美的瓦格纳主义者"；他全身心地投入到了对音乐那革命性声音的微妙而又鲜明的颂扬中。他在其他艺术领域也是如此。正如在音乐方面他是个完美的瓦格纳主义者，在绘画方面他则是个完美的惠斯勒主义者，最重要的是，他在戏剧方面是个完美的易卜生主义者。这样我们就进入了他职业生涯的这一部分，也是本书特别关注的部分。当威廉·阿彻先生让他担任《星期六评论》的戏剧评论家时，他第一次成了"舞台之星"，成了一颗流星，有时甚至是具有破坏性的彗星。

他的聘任之日开启了一场罕见而又真实的令人振奋的斗争，19世纪那缓慢而愤怒的崩溃前的沉默由此打破。煽动家萧伯纳已经得到了他的战车和号角，正决定让它们成为命运之车和审判之号。他不像普通反叛者那样卑下，满足于对抗国王和牧师，因为这类反抗就跟牧师或国王一样古老而根深蒂固。他环顾四周，想找一样既强大又平静，并且尚未被人攻击过的东西。经过一番真诚的思考之后，他找到了。他不满足于当一个普通的无神论者，他想亵渎一些连无神论者都相信的东西。他不满足于当革命者，因为有太多的革命者了。他想挑出某个曾经被最暴力、最世俗的人非理性地、本能地接受过的名流巨子，富特[1]先生会在《自由思想者》的头版上，圣·洛·斯特雷奇[2]先生会在《旁观者》[3]的头版上，恭敬地谈到他。他找到了，他找到了这位伟大的尚未被攻击的英国名流——莎士比亚。

但萧伯纳对莎士比亚的攻击，虽然因他为了好玩而进行了夸张，但绝不是人们以为的哗众取宠。他说的是肺腑之言，所谓他的浮夸只是一个欣喜于自己言为心声的人所发出的笑声——这确实是人生中最伟大的事业之一了。此外，我们可以诚实地说萧伯纳做了件好事，他动摇了人们对莎士比亚的盲目崇拜。那种盲目崇拜对英国是有害的，它使我们认为，我们不仅有一个伟大的诗人，他还是一个无可非议的诗人，这会助长我们危险的自满情绪。它对文学也是有害的，因为它使得人们画虎不成反类犬。它

1　乔治·威廉·富特（George William Foote），英国世俗主义者，期刊《自由思想者》的编辑。

2　约翰·圣·洛·斯特雷奇（John St Loe Strachey）在 1887—1925 年期间任《旁观者》的总编辑。

3　《旁观者》（*The Spectator*）是在 1828 年开始发行的英国周刊，现由巴克莱兄弟（Barclay Brothers）和《每日电讯报》拥有。其内容主要谈及政治议题，笔风偏向保守（虽然不少经常投稿的作者被视为左派）。它亦涵盖广泛的题材，书籍、音乐、歌剧、电影、电视节目评论亦占相当比例。

对宗教和道德也是有害的，因为有了这样一个伟大的人间偶像，我们就可以毫无道理地信任人类了。的确，很大程度上萧伯纳正是通过自己的缺点，才看到了莎士比亚的缺点。但我们需要一个乏味的人，来抵御诗歌魅力中存在的危险；派一个失聪者去摧毁海妖之石[1]也许不完全是个错误。

　　萧伯纳的这种态度当然阐明了他已经吸引了读者注意力的三方面——爱尔兰人、清教徒、进步派。这在一定程度上反映了这个爱尔兰人反对英国人把单纯的艺术品位变成宗教信仰的态度，尤其是这种品位是从小培养的。在萧伯纳看来（有人可能会说），英国人并不真正欣赏莎士比亚，更别说崇拜莎士比亚了；他们只会在强烈的口语表达中以莎士比亚起誓；他只是一个名义上的神，一种被随口援引的东西。而萧伯纳的全部工作，就是把那些用以起誓的东西变成被咒骂的东西。这在一定程度上又是因为这位革命者追求纯粹的新奇，而憎恨过去的压迫，甚至憎恨历史本身。对萧伯纳而言，先知是人们在建好坟墓之后（不是之前）要用乱石砸死的。萧伯纳身上有一种美国式的聪明，一想到要受莎

1　希腊神话中，遥远的海面上有一岛屿，石崖边住着唱魔歌的海妖塞壬三姐妹。半人半妖的塞壬姐妹们唱着蛊惑人心的歌，甜美的歌声把过往的船只引向该岛，然后撞上礁石船毁人亡。过往的海员和船只都受到迷惑走向毁灭，无一幸免。

士比亚这个死了三百年的人支配，他就感到恼火，就像马克·吐温[1]一样，他希望是一具更新鲜的尸体。

确实有爱尔兰人和进步派这两个动机，但与另一个相比就微不足道了。他身上的第三部分，清教徒的这部分，才是真正与莎士比亚对立的。他谴责这位剧作家，就像莎士比亚同时期的任何一个戴着尖顶高帽和挺括领饰的清教徒从集会中出来，谴责这位刚走出古老的环球剧院[2]后台大门的剧作家一样。这不单纯是一种幻想，它在哲学上是真的。报纸上流传着一种说法，说萧伯纳自称是比莎士比亚更优秀的作家，这是假的，并且很不公平，萧伯纳从未说过这种话。他说比莎士比亚优秀的作家不是他自己，而是班扬。而且他为自己的观点提出了理由，他认为班扬勇敢地接受生活，将其视为一场高尚而艰苦的冒险；而在莎士比亚的作品中，他只看到了恣意的悲观主义，以及一个失望的纵欲者的空虚。印证了这种观点的是，莎士比亚总是说"熄灭吧，熄灭吧，短促的烛光"[3]，因为他的蜡烛只是一种舞厅用的普通蜡烛，而班扬则追求点燃一支受上帝的恩典永不熄灭的蜡烛。

---

1 马克·吐温的死亡原因十分引人注目：在一个严寒的冬天，已经七十多岁的马克·吐温独自在大雪中站立了三个小时，结果因受寒得了严重的肺炎，以致不治。作者在此处调侃马克·吐温是想用寒冷来给自己的尸体保鲜。

2 指莎士比亚环球剧院。

3 原文"Out, out, brief candle"，出自莎士比亚的戏剧《麦克白》。

奇怪的是，萧伯纳的主要错误或者说麻木不仁，竟然成为他做出最崇高肯定的工具。萧伯纳对莎士比亚的谴责纯粹是一种误解，但对莎士比亚悲观主义的谴责则是对他所有言论中的最精彩的理解。这是萧伯纳身上最伟大的东西，一种严肃的乐观主义——甚至是一种悲剧的乐观主义。在他眼中，生命是一种太过辉煌而无法享受的东西，生存是一件苛刻而累人的事情，号角声虽然鼓舞人心，但也很可怕。萧伯纳所写过的最崇高的文字，莫过于他对这位坚定的人[1]的评价，后者走到生命之书的保管员面前说，"记下我的名字，先生"。萧伯纳确实用错误的名称来称呼这种以班扬为代表的英雄哲学，并用虚假的形而上学来支持它，但这是那个时代的弱点。神学的暂时衰落导致了人们对哲学和所有优秀思想的忽视，萧伯纳不得不从叔本华的文章中为上帝子民的为快乐欢呼寻找站不住脚的理由。他称之为"生存意志"——这个词语是想生存但却不能的普鲁士教授们发明的。后来，他要求人们崇拜生命力，这太抽象，好像人们可以崇拜一个连字符[2]一样。但是，尽管他用一些粗糙的新名字（幸运的是，这些名字已经像砂浆一样四散崩塌了）来掩盖，他还是站在古老的善好事业

1　指班扬。

2　"生命力"原文为"Life-Force"，其中有连字符。

那一边的——最古老最善好的事业，创造对抗毁灭的事业，是对抗非的事业，种子对抗岩地的事业，恒星对抗深渊的事业。

他对莎士比亚的误解主要源于他是个清教徒，而莎士比亚在精神层面是个天主教徒。前者总是呕心沥血地想看清真理，而后者常常满足于真理的存在。清教徒的力量只够让自己变得坚硬，而天主教徒还有力量来放松。我认为，萧伯纳完全误解了莎士比亚戏剧中那些悲观的段落，它们不过是一种飘忽不定的情绪，一个有着坚定信仰的人承受得起。所谓的一切都无意义，所谓的生命是尘埃、爱是灰烬，这些不过是轻浮，不过是一个天主教徒能说出来的笑话；他深知存在着非尘埃的生命和非灰烬的爱。但是，正如天主教徒在享乐方面可以比清教徒更放纵一样，他们在忧郁方面也可以比清教徒更放纵。哈姆雷特的极度悲伤跟福斯塔夫[1]的极度喜乐是一样的，这不是猜测，这是莎士比亚的原文。哈姆雷特在表达他的悲观时，承认那只是一种情绪，不是事实。天堂是神圣的，只是对他来说，天堂似乎只是一团污浊的雾气。人是动物的典范，只是对他来说，人似乎只是尘土的结晶。哈姆雷特是一个怀疑论者的反面，比起他的文弱气质，他的聪明才智使得他的形象更加生动。但这种不需感觉即可知晓的能力，这种不

---

1 莎士比亚著《温莎的风流娘们》中的一个爱吹牛的骑士，一个喜剧人物。

需经验即可相信的能力，是古老的天主教传统，萧伯纳这位清教徒从来都不理解。莎士比亚承认自己的情绪（主要是通过恶棍和失败者之口），但他从来不让情绪影响自己的思想。他所谓的空虚只是一种无害的虚荣。读者可能不同意我称他为天主教徒，但他们不会反对我说他是个宽容的人。[1]在任何意义上，莎士比亚都不是一个悲观主义者，要说他有什么不同，那就是他是一个乐观主义者，他能享受一切，甚至是悲观主义。这就是他跟萧伯纳这位清教徒的本质区别。这位真正的清教徒不会拘谨，他可以毫无负担地说："该死！"但这位伊丽莎白一世时期的天主教徒（在受到挑衅时）则可以毫无负担地说："该死的一切！"

无须解释，萧伯纳提供了戏剧家被贬低的反面案例，也提供了戏剧家被褒扬的正面案例。他不满足于把莎士比亚和班扬做这样遥远的比较。在他每周一篇发表于《星期六评论》的生动文章中，他把莎士比亚和易卜生做了一番真正的对比。他很早就以一切可能的热情投入到了对这位伟大的斯堪的纳维亚人的公共争论中，尽管他支持哪一方是毫无疑问的，但其中也包含了很多他个人的新观点。探索那座死火山不是我们这里的事。你可能会说反

1　原文中天主教徒的英文是"Catholic"，宽容的英文为"catholic"，两个单词的区别只在于首字母的大小写。

易卜生主义已经死了，或者你可能会说易卜生已经死了，无论如何，这种争议已经消失了，正如那位罗马诗人所说，只有死亡才能显示我们是多么渺小[1]。易卜生的反对者在很大程度上展示了民众的永久品质，即他们的直觉是正确的，但他们的理由是错误的。他们犯了一个极具争议性的错误，称易卜生为悲观主义者。实际上，他的主要弱点是对纯粹的天性和自由的一种相当幼稚的自信，以及对原罪问题的盲目（无论是经验还是文化）。从这个意义上，与其说易卜生是一个悲观主义者，不如说他是一个极为粗野的乐观主义者。不管怎么说，普通人的本能还是正确的，一如既往——易卜生，以其苍白的北方风格，是个乐观主义者。但尽管如此，他仍是一个令人沮丧的人。易卜生的乐观不比但丁的悲观令人自在，就像挪威的日出，不管有多么壮观，都比南方的夜晚寒冷。

　　但在为易卜生而战的一方，也存在着分歧，或许还存在着错误。这支若有似无的"先遣部队"（一支向四面八方前进的军队）一致认为他们应该成为易卜生的朋友，因为易卜生也在向某个方

1　原文直译为"只有死亡才能显示我们是由多么小的原子构成的"。此处的罗马诗人指卢克莱修，罗马共和国末期的诗人和哲学家，以哲理长诗《物性论》（*De Rerum Natura*）著称于世。他继承古代原子学说，反对神创论，认为物质的存在是永恒的，整个世界包括神都是由原子构成的。

向进步。但是，福楼拜、奥斯卡等人也给他们留下了深刻印象，这些人告诉他们，艺术作品在除了道德和社会利益之外的另一个世界。因此，我常常认为许多易卜生主义者赞美易卜生戏剧，只是因为它"被看见"了，是对与"应该是的事物"毫无关系的东西的美学肯定。威廉·阿彻先生本人也倾向于这种看法，尽管他的精明使他对这个问题产生了怀疑，不过这种怀疑是正常的。沃克利[1]先生当然持有这种观点。但是，萧伯纳却粗暴地拒绝接受这一观点。

萧伯纳以清教徒式的激情和精确告诉大家，易卜生不是艺术性的，而是道德性的；他的戏剧是说教的，所有伟大的艺术都是说教的，易卜生强烈支持他的某些角色，同时强烈反对其他角色，优秀戏剧家的作品中就是有说教和公共精神；如果不是这样，那么剧作家和其他所有艺术家都会沦为智力堕落的迎合者，都会像清教徒拒绝舞台演员那样被拒之门外。萧伯纳早期以伦理反对主流的"为艺术而艺术"，但他自己并没有充分重视，对此没有人能理解。这很有趣，因为他未充分重视与他的其他志向有关，尤其是那个虚荣志向——他想当教区议员，而不是欧洲最受欢迎的剧作家之一。不过，他未充分重视的主要原因还是要从心

---

1 沃克利（Arther Bingham Walkley），19 世纪英国著名剧评家。

理层面来看，第一，反对"为艺术而艺术"是这个热爱真实事物的人第一次反抗新鲜事物；第二，这位清教徒突然拒绝成为纯粹的进步主义者。

但是，萧伯纳这种态度显然给自己——作为易卜生道德的追随者——揽下了不小的责任。他得说清楚，如果新戏剧要有伦理目标，那这个目标是什么？如果易卜生是个道德教师，那么他究竟教的是什么呢？后面这个问题的答案，也就是关于易卜生戏剧的各种辉煌和前景的答案，就散落在那些年的《星期六评论》上的所有戏剧评论中。但在一段时期只结合当时的哑剧或是最新的音乐剧来讨论易卜生之后，就连萧伯纳也感到厌倦了。感觉上，他对易卜生戏剧的解释已如此真诚，如此全面，是时候发动一次总攻了；于是，在1891年，那本名为《易卜生主义的精华》[1]的杰出著作横空出世。虽然有些人宣称它不过是萧伯纳的精华，但无论如何，它实际上是萧伯纳对易卜生道德总结出的理论的精华，或是对易卜生的宣扬的精华。

那本书比我正在写的这本要长得多，它如此激情昂扬，就像

1　萧伯纳这本名为《易卜生主义的精华》（*The Quintessence of Ibsenism*）的小册子，汇集了二十九篇文章，是他在不同时期写下的对易卜生剧作的评论。这些评论都贯以一个主题，那就是鞭挞所谓的理想主义者即"冒牌的易卜生主义者"给我们的生活带来的创伤和灾难。

一个辩护专家，其中的每一段话都具有煽动性。对于其中我接受的每句话，我都能写出一篇文章，而对于我不同意的每句话，我都能写出三篇文章。萧伯纳本人是一个"压缩"大师，他比任何活着的人都能把一个概念压缩得更简洁。因此，要压缩他压缩过的概念是相当困难的，你会感觉自己好像是在试图从浓缩牛肉汁里提取牛肉精华。不过，我可以用最简要的形式总结《易卜生主义的精华》，那就是对理念的怀疑——与杂多的事实相比，理念是普遍、一般的。萧伯纳把他自始至终攻击的人称作"理念论者"，他们是那种允许自己被道德泛化[1]所打动的人。萧伯纳说："判断行为的标准是该行为对幸福的影响，而不是该行为是否遵从任何理念典范。"正如我们所见，萧伯纳在此处产生了一个矛盾——虽然他一向拒绝所有理念，但他最先拒绝的就是幸福之理念。不过跳过这一点，就目前而言，我们可以将上述那句话视为对《易卜生主义的精华》最令人满意的总结。按照上述观点，如果我说谎，我不应该责备自己违背了真理之理念，而应该责备自己可能让自己陷入了混乱，让事情变得更糟。如果我没有遵守诺言，我不需要（像我们的先辈那样）觉得我破坏了内在的某种东

---

1 道德泛化，也即泛道德主义，是指在某个社会中，社会形成的道德规范或者对个人的人品要求在正常人的能力范围之外，以至于唯道德是论。典型有道德归因、道德审判、道德惩罚与道德绑架几种表现。

西，就像戳破了血管一样，判断我食言行为的标准在于我是否打破了外部的某种东西，比如一个人破坏了一个晚会。再举个例子，按照上述观点，如果我射杀了我父亲，唯一的问题就是我这样做是否令他快乐；我绝不能承认那种理念论的观念，认为射杀我父亲可能会使我不快乐。总之，我们应该对每一个出现的个案进行单独判断，不借助任何社会总结或道德预估。"真正的黄金法则就是没有黄金法则。"我们不应该说遵守诺言是对的，而应该说遵守诺言可能是对的。这种观点本质上是无政府主义。也很难看出，一个在公共道德领域奉行社会主义、在私人道德领域奉行无政府主义的国家怎么会顺畅运转。要说是无政府主义，它又没有无政府主义的放纵和热情，而是一种忧虑的、勤恳的无政府主义，是一种令人痛苦的微妙甚至是谨慎的无政府主义。因为它拒绝相信传统的实验或显而易见的足迹，每一种情况都必须从头重新考虑，而且必须以最关心人类福祉的态度来考虑；每个人都必须像第一个被创造出来的人那样行动。简而言之，我们必须一直焦虑什么才是对我们的孩子最好的，我们不能从父辈那里得到任何提示或经验法则。有些人认为这种无政府主义会让人们在巨大的城市里横行霸道，而我认为它会使人们在街上走得如履薄冰。我不认为这种机会主义的试验会以疯狂的放纵告终，我认为它会以刻板的胆怯告终。如果一个人被禁止通过道德科学或人类的帮助来解决道德问题，他的办法将会相当容易——他将不解决这些问题。这个世界将不再是一个纠缠不清、需要解开的结，而只会变成一个复杂到无法触碰的发条装置。我不认为易卜生想表达的是这种无知的焦虑，我怀疑这根本就是萧伯纳的意思。不过，我认为这是易卜生说过的话，这是毋庸置疑的。

不管怎么说，我们可以断言，这项工作的总体目标是抬高实践的直接结论来反对理论的一般结论。萧伯纳反对这样一种观点：戏剧中每一个问题的解决方法本质上都是一种普遍的解决方法，适用于所有其他这类问题。他不喜欢在最后一幕结束时出现普世的正义，因为其践踏了所有个人的根本，以及不同的人所独有的确定性。他不喜欢机器降神[1]——因为他自己就来自机器。但即使没有这种机器，他也不喜欢神，因为神比人更一般。萧伯纳的敌人指责他反家庭（anti-domestic），是个动摇社会栋梁的人。但从这个意义上来看，萧伯纳可以说是近乎疯狂的爱家者（domestic），他希望每个私人问题都能私下解决，不要考虑社会伦理问题。对于这个巨大的诡辩，我能提出的唯一反对意见就是剧院实在太小了，没有办法讨论这个问题。在一个小到不足以容

1　古希腊戏剧手法，指利用起重机或起升机的机关，将扮演神的演员送到舞台上，解决剧情困境。通常被认为是一种不高明的情节技巧。原文"the god from the machine"，直译为"来自机器的神"。

纳歌利亚的舞台上演出大卫与歌利亚[1]，这是不公平的。在一个小到无法容纳公共道德的显著存在的舞台上讨论私人道德，这也是不公平的。公共道德这个角色自中世纪以来就没有在戏剧中出现过，他的名字叫"普通人"，他的荣誉由我们所有人来维护。

---

1 故事来自《圣经·旧约》中的《撒母耳记上》，主要内容是以色列王国第二位国王大卫少年时以弱胜强打败巨人歌利亚。

剧作家

The Dramatist

当时在世并对这类事情感兴趣的人，谁也不会忘记《武器与人》[1]的第一次公演。我们大家对它都有一种难以形容的赞赏，为看到真实的东西战胜了似是而非的东西而高兴，甚至为敌人还活着而高兴。除了戏剧衍生出的问题，它的形式本身就是一种吸引人的、强有力的创新。完全是英雄主义的经典剧，以及完全是无情讽刺的喜剧，都是当时司空见惯的。在这一特定时期，最常见的戏剧是这样的：它以戏谑的方式开始，充斥着大量喜剧情节，然后情感逐渐严肃，直到以浪漫甚至悲怆的调子结束。例如，一

1　萧伯纳的著名剧作。该剧的背景设定发生在 1885 年的塞尔维亚—保加利亚战争中。保加利亚富家小姐拉娜与贵族塞尔吉乌斯本是一对恋人，后者上了战场。一天晚上，效力于塞尔维亚的瑞士雇佣军战士布伦奇里为躲避追杀，逃进了拉娜的房间，两人因此相识并相爱。结局是拉娜与布伦奇里成为一对恋人，拉娜的女仆娄卡与塞尔吉乌斯成为一对恋人。该剧嘲讽了东欧富人拉娜一家的附庸风雅和塞尔吉乌斯玄虚又不堪大用的浪漫主义，褒扬了以布伦奇里为代表的那种对现实有清醒认识，高效而精力充沛的人。

个平庸的小军官，原本微不足道，在最后一幕变成一个像但丁一样高尚而绝望的情人。又或者，一个粗俗暴力的猪肉屠夫，在幕布落下前回忆自己的青春。萧伯纳站在舞台前做的第一件事就是逆转这一过程。他决心创作一部戏剧，不以悲情为基调，而采用突降法[1]。例如，一个军官开始英勇无比，后来人人都嘲笑他；又如，随着幕布的升起，一个人开始回忆自己的青春，然后当有人打断他的回忆，向他点了一份猪肉时，人们才发现他是一个暴力的猪肉屠夫。这种单纯的技术创意从剧名就能看出。维吉尔的"武器与人"（Arma Virumque）[2] 是一个上升型短语，人比武器关键。这首拉丁诗以一支华丽队伍的出场为开端，他们穿着发出脆响的黄铜盔甲，手中拿着盾牌和逼人的斧头，但他们的杀气以主角本人的出场结束，因为他身材更高大，形象更可怕，虽然他手无寸铁。萧伯纳设想的技术效果跟上述场景一样，一群戴着头盔的人拿着更大的盾牌冲锋，但当号角声和呐喊声达到顶峰，就随

---

1 英语的一种修辞手法，将一系列词语由大到小、由强到弱地排列，导致严肃的内容突然变得荒谬。例如马克·吐温在《傻瓜威尔逊》中的名句：神圣的友情是如此甜蜜、稳固、忠贞又经久不衰，以致能伴随人的整个一生——如果不要求借钱的话。

2 古罗马诗人维吉尔创作的史诗《埃涅阿斯纪》的开篇第一句话就是"**Arma virumque cano**（战争和英雄是我要歌颂的）"。这首诗叙述了特洛伊英雄埃涅阿斯在特洛伊城被希腊联军攻破后，率众来到意大利拉丁姆地区，成为罗马开国之君的经历，是一部罗马帝国的"史记"。

着小蒂奇[1]的出现戛然而止。剧名本身就意味着其采用了突降法：武器——与人。

最好从表面开始，这就是萧伯纳的表面效果，突降法的聪明之处。当然，他戏剧的生命力和价值并不仅限于此，相比斯温伯恩[2]的价值有赖于头韵，胡德[3]的价值有赖于双关语，萧伯纳戏剧的价值远超他们。突降法不是他要传达的信息，而是他的方法、他的风格。我们第一次品尝到突降法的滋味就是在《武器与人》这部戏里，但即使是第一次，我们也能明显感觉到这出戏远不止于此。相比其他元素，粗暴的真诚并非不重要。确实，只有极其真诚的人才能以战争这类题材创造出如此有效的尖刻无礼，就像只有强壮的人才能用炮弹玩杂耍一样。把"傻瓜"这个词用作"弄臣"的同义词是再好不过了，但日常经验表明，通常那些严肃而沉默的人才是傻瓜。指责萧伯纳倒行逆施倒也无可厚非，

1　小蒂奇（Little Tich），指哈利·瑞尔夫（Harry Relph），19 世纪末英国最著名的杂耍歌舞演员和喜剧演员之一，身高仅有 137 厘米。

2　斯温伯恩（Swinburne），英国维多利亚时代最后一位重要的诗人。斯温伯恩崇尚希腊文化，又深受法国雨果和波德莱尔等人作品的影响，在艺术手法上，他追求形象的鲜明华丽与大胆新奇、声调的和谐优美与婉转轻柔。代表作有《配偶》《海上的爱情》。

3　托马斯·胡德（Thomas Hood）是以幽默诗作而闻名的一位英国诗人，他的幽默诗常常依赖双关语。代表作有《衬衫之歌》《劳动者之歌》《叹息桥》等。

但是要想倒立[1]，你必须有一个坚硬的脑袋来支撑。在《武器与人》中，突降法这一形式，完全是一种强烈讽刺思想的化身。该剧在一种军事情景剧的氛围中开场，风度翩翩的骑兵军官昂首阔步走向死亡，可爱的女主角喜极而泣地离去，还有铜管乐队、枪炮声和红色火焰。接着布伦奇里出现了，他是一个身材矮小、体格健壮、留着短发的瑞士雇佣兵，他没有祖国，只有一门生意。他坦诚地告诉这位崇拜军队的女主角，她是个虚伪的人，而她，愣了一会儿，似乎同意他的看法。这部戏和萧伯纳其他所有戏剧一样，采用了转化的对话的形式。到了最后，这位年轻姑娘已经失去了她对军队的所有幻想，她崇拜这个雇佣兵不再是因为他面对枪炮，而是因为他面对事实。

对于萧伯纳来说，这是他开始说教剧的一个恰当开端，因为他所敬佩的布伦奇里身上那种平凡的勇气，是他注定要自始至终赞美的美德。如果我们把这部戏剧与其他现代人道主义者对战争的攻击相比较，我们就能最好地看到这部戏剧是如何象征和总结了萧伯纳。萧伯纳持有许多托尔斯泰的观点。像托尔斯泰一样，他以粗俗的天真告诉人们，浪漫的战争只是屠杀，浪漫的爱情只是欲望。不过，托尔斯泰反对浪漫的战争和爱情，是因为他认为

1　倒行逆施和倒立的英文都是 standing on head，此处用了双关语。

它们是真实的，他真心希望能够废除这些东西。而萧伯纳之所以反对，则是因为他认为它们只存在于理想中，至少战争和爱情被理想化了。与其说萧伯纳反对战争，不如说他反对的是战争的吸引力。与其说他讨厌爱情，不如说他讨厌爱情之爱。在玛尔斯神庙前，托尔斯泰大声疾呼："不应该有战争！"而萧伯纳只是喃喃自语："必要的话就开战吧，但看在上帝的分上，别唱战歌。"在维纳斯神庙前，托尔斯泰痛心疾首地高喊："从里面出来！"萧伯纳只是平静地说："不要被骗进去。"托尔斯泰似乎真的在主张应该摧毁崇高的激情和爱国的勇气。萧伯纳则较为温和，只要求蔑视它们。在他大部分作品中对性和冲突的表达上，注定要贯穿着诙谐冒险和智慧惊喜的最奇妙的变化。也许人们会怀疑这种关于爱情和战争的现实主义是否像它看起来的那样明智。世界自会裁决（Secures judicat orbis terrarum）[1]，世界比现代人聪明。世界上之所以保留了感情，只是因为它们是世界上最实用的东西。只有它们才能让人做事。这个世界不鼓励一个完全理性的情人，因为一个完全理性的情人永远不会结婚。这个世界不鼓励一支完全理性的军队，因为一支完全理性的军队会逃跑。

萧伯纳的大脑就像一块楔子——字面意义上的，它最锋利的

1　这是古罗马帝国时期天主教思想家圣奥古斯丁在反对多纳图派时所说的话。

一端总是在前部，在进入社会的那一刻，它就将其分裂了。我已说过，他长期不为人所知，但反过来看，他也没有经历许多作家名气先于作品为人所知的悲剧。只要你读过萧伯纳的任何作品，你就读了萧伯纳的全部。只要你看了他的一部戏剧，你就会期待更多他的戏剧。当他把戏剧以卷的形式出版时，你做了一件让任何一个文人都感到厌恶的事——你买了一本书。

萧伯纳那卷让公众眼花缭乱的戏叫作《令人愉快和不愉快的戏剧》（*Plays, Pleasant and Unpleasant*）[1]。我认为最惊人又最不出所料的是，他并不很清楚哪些戏剧令人不愉快，哪些令人愉快。"愉快"这个词对萧伯纳几乎毫无意义。我想，除了在音乐中（在音乐中我无法跟上他的脚步），享受和接受是根本不会在他身上出现的东西。他有最敏锐的舌头和最糟糕的味觉。除了《华伦夫人的职业》可能是个例外（至少从它被禁止的角度来看，它是令人不快的），我看不出有什么特别的原因，要专门让这七部戏中的任何一部来取悦别人或让人不愉快。他的名声和地位最先来自《武器与人》的再版，这我已经说过了。毫无疑问，华伦太太和康蒂妲这两个角色是最突出的，她们都不令人愉快，除非你要

1　"令人不愉快的戏剧"包括《花花公子》《鳏夫的房产》《华伦夫人的职业》三部。"令人愉快的戏剧"包括《武器与人》《风云人物》《难以预料》《康蒂妲》四部。

说所有好的艺术都令人愉快。她们也不是真的令人不快，除非你要说所有真相都令人不快。但她们的确代表了作者的正常偏好和主要恐惧，这两位女巨人雕塑在很大程度上维护了他的名声。

我猜想作者本人很不喜欢《康蒂姐》，因为它是如此地受欢迎。我对它的价值（一个愚蠢的说法）有自己的感受，但我认为，这位强大的作者，只有两个时刻，受到了古人和大众的启发，促使他从一个更强大的自我中呼吸，并且说出了他都不知道自己知道的真相。其中一个场景是在他之后的一部戏剧[1]中，当恺撒身边泛滥着有关埃及的秘密和复仇之后，他的部下突然为他非同凡人的智慧举剑高呼。[2]另一个是《康蒂姐》精彩的最后一幕，妻子被激怒，做了最后的发言，宣布她要继续和那个强壮的男人在一起，因为他是弱者。妻子被要求在两个男人之间做出选择，一个是勤奋自信广受欢迎的牧师，即她的丈夫，另一个是野性而

1　指《恺撒与克利奥佩特拉》。

2　萧伯纳的剧作《恺撒与克利奥佩特拉》讲述了恺撒追赶敌人来到埃及，卷入克利奥佩特拉与其弟托勒密的王位争夺中，最终凭借其谋略和胸怀为埃及带来秩序与和平的故事。在第一幕中，恺撒带兵来到埃及后，隐瞒身份独自一人来到克利奥佩特拉身边，鼓励她拿出女王的权威和气势，不要惧怕恺撒，并迫使严厉对待克利奥佩特拉甚至有打骂行为的保姆向她跪下屈服。之后恺撒和克利奥佩特拉一起在王座上接见部下。恺撒的部下看见宝座上的恺撒都很惊讶，然后他们整齐地排成一行对着宝座，拔出剑来高举在空中，喊着"恺撒万岁"，克利奥佩特拉才知道身边的人正是她一直心生畏惧的恺撒。

瘦弱的年轻诗人，看起来没有出息又很胆小，即她的情人。她选择了前者，因为他身上有更多的缺点，更加需要她。即使在萧伯纳戏剧里众多平淡又有力的悖论中，这也是有史以来最好的反转之一。像萧伯纳这样矛盾的作家，总是被人没完没了地说他是在倒行逆施，但所有的浪漫和宗教都在让整个宇宙倒行逆施。这种反转就是美德的整体理念，使那在后的要在前，在前的要在后[1]。因此，作为萧伯纳身上纯粹的一部分，反转是他身上最好的。它比萧伯纳本身还好。作者触及了一些他并未经历过的现实，尤其是普通妻子对待普通丈夫的态度，这种态度并不浪漫，但却相当堂吉诃德——既有无可救药的无私，又有讽刺般的敏锐眼光。这里面涉及妻子这个人的献祭，但没有丝毫偶像崇拜。

事实是，萧伯纳差一点就在这里表达了某种在其他地方无法恰当表达的东西——婚姻观。婚姻并不是无政府主义者所说的爱情的枷锁，也不是情感主义者所说的给爱情加冕。婚姻是一种事实，一种真实的人类关系，就像有着人类特定习惯和忠诚的母性一样，只是在一些可怕的情况下，它会被特殊的疯狂和罪恶转变为折磨。婚姻既不是令人狂喜的东西，也不是一种奴役的方式，它是一个联合体，它就像一个国家一样，独立工作，独立战斗。

1　出自《马太福音》。

国王和外交官们在缔结婚姻时会谈起"结盟"，事实上每一场婚姻都基本上是一种结盟。家庭是一个事实，尽管不是令人愉快的事实；男人是他妻子的一部分，尽管他希望他不是。他们二人是一体的——是的，尽管他们各有自己的灵魂。人是成对的四足动物。

在这种古老而基本的关系中，存在着某些微妙的情感结果，就像自然界所有的生长一样。其中之一就是妻子对待丈夫的态度，她会立刻把她的丈夫当作最坚强又最无助的人类形象。她会立刻以某种奇怪的方式把他看作一个必须前进的战士，同时又是一个肯定会迷路的婴儿。而丈夫有着与妻子的态度完全一致的情感：他有时俯视妻子，有时又仰视她，因为婚姻就像一场精彩的跷跷板游戏。这种关系不管是什么，都不是战友关系。这种鲜活的、祖传的纽带（不是爱或恐惧的纽带，而是严格意义上的婚姻纽带）曾被文学作品精彩地表达过两次。勃朗宁[1]在他的两到三句令人震惊的天才台词中，说出了男人对其合法妻子的不可救药的母亲般的感觉，当他使可恶的圭多最终回到婚姻的事实，回到他此前像泥淖一样践踏的妻子身边时：

"基督！玛利亚！上帝！"

---

1 罗伯特·勃朗宁（Robert Browning），维多利亚时期代表诗人之一。主要作品有《戏剧抒情诗》《剧中人物》《指环与书》等。与丁尼生齐名。

"庞皮莉亚，你愿意让他们杀了我吗？"

书中的女人见证了这一事实，萧伯纳在这一了不起的场景中完美地体现了这一点。她和这个伟大的坚定的成功的公众人物站在一起，因为他实在太渺小了，单靠他自己，人们不会相信这一事实。

这部戏剧中有一两个错误，这都是由于一个基本错误，即轻视浪漫的心理态度，而这种浪漫的心理态度是决定人类行为的唯一关键。例如，年轻诗人的恋爱举动完全是错误的。他应该是一个浪漫多情的男孩，因此剧作家把他写得夸夸其谈，说要寻找一个"长着紫色翅膀的大天使"，这样才配得上他的女人。但是，一个坠入爱河的小伙子绝不会用这种假英雄的语气说话；年轻男子在这一时期最敏感、最严肃、最害怕看起来像个傻瓜，萧伯纳这样写是大错特错。但还有一个更大更深的错误：让年轻的尤金抱怨康蒂妲因家务而玷污了她那双美丽的手是多么残忍，对恋爱的整个本质来说，这是完全的、灾难性的错误。没有一个爱上漂亮女人的男孩会对她削土豆或剪灯花感到厌恶。他会喜欢她这样宜室宜家。他只会觉得土豆变得充满诗意，灯也更加明亮。这可能是非理性的，但我们不是在谈论理性，而是在说初恋的心理。用浪漫魅力的眼光来看待削土豆的辛劳和琐碎，这对女人可能是非常不公平的，但这件事的魅力就像土豆本身一样，是毋庸置疑的事实。在社会学中，男人把女孩的家庭生活神化为优雅而神奇的东西，这可能是件坏事，但所有男人都是这样做的。我个人完全不认为这是坏事，但这又是另一个论点了。这里讨论的是，萧伯纳为了追求纯粹的现实主义，而犯了一个现实的大错。他从局外看待情感，得出了一些歪理邪说，被自己的错误观点引导着，当他为了自己的戏剧性目的，试图把尤金塑造成一个热血情人时，他实际上把他塑造成了一个冷血的道学先生。他让这位本应成为神秘唯物主义者的年轻情人，成了一个理想主义理论家。在这一点上，这个浪漫的爱尔兰人，比这个过于理性的人更正确；比起尤金对土豆皮和灯油的庄严而唯美的抗议，爱人的对句——"羡慕那只鸡，佩吉选的鸡"——更能体现真实生活。虽然萧伯纳鄙视浪漫，但为了戏剧效果，他也应该理解浪漫。不过话说回来，他一旦理解了浪漫，就不会鄙视它了。

这个系列中，除了更具内涵的悲剧和喜剧，还有一部比较轻浮的作品，名为《风云人物》。这是一部关于拿破仑的轻喜剧，有趣的是，这部戏剧为萧伯纳之后塑造英雄和壮汉形象做了铺垫，是对《恺撒与克利奥佩特拉》的一次粗劣模仿，尽管后者当时还未问世。在剧名上，这部关于拿破仑的戏剧就很有趣。萧伯纳那一代和那一派的人对拿破仑的所有记忆，就是他当时最新的堕落名号"风云人物"，因为这个名号是在他又胖又疲惫、注定要被流放时被冠以的。他们忘记了他职业生涯中真正激动人心和富有创造力的部分，他并不是一个被命运打败的人，而是一个挑战命运的人。萧伯纳的刻画非常巧妙，带有这一非军事性概念——不可避免的征服；当我们看到他在更大的画布上描绘更严肃的英雄时，我们必须记住这一点。至于这部戏，它充满了美好的东西，其中终章也许是最好的。波拿巴和那位爱尔兰女士的长段对话，终结于这位将军宣称，只有当他遇到爱尔兰将军率领的英国军队时，他才会被打败[1]。英国人有执行命令的力量，爱尔兰人则有发出命令的智慧，萧伯纳的那些悖论中也包含着一定的真理，这便是其中之一。

一部更为重要的戏剧是《花花公子》[2]，这是一部充满精妙笔触和真正讽刺的喜剧，更是萧伯纳讽刺自然科学的最佳载体。没有什么比下面这一情景更令人拍案叫绝的了：一位年轻上进的医生，

1　拿破仑的百日王朝复辟后，威灵顿公爵率英荷联军与拿破仑交战，并联合普鲁士军队在滑铁卢战役中彻底击溃拿破仑。威灵顿公爵两次担任英国陆军总司令，他出生于爱尔兰都柏林。

2　花花公子查特里斯原本与茱莉亚相爱，但后来爱上了寡妇格蕾丝。茱莉亚的父亲克雷文上校被医生帕拉莫尔诊断患上了一种新疾病，过了两年禁酒素食的生活。后来帕拉莫尔发现自己误诊了，气恼不已，完全没有考虑到病人克雷文上校逃过一劫，反而指责他自私。同时帕拉莫尔又爱上了茱莉亚。查特里斯为了摆脱茱莉亚的纠缠，怂恿帕拉莫尔向茱莉亚求婚。结局是茱莉亚虽然不爱帕拉莫尔，但接受了他的求婚；格蕾丝虽然爱查特里斯，但拒绝了他的求婚。本剧探讨了女性独立、各种情感和家庭关系等问题。

发现了一种新疾病，完全出于其职业抱负，当发现有人患这种疾病时他欣喜不已，当发现这种疾病并不存在时他又陷入绝望。这一点值得我们停顿一下，因为这种方式简短而又清楚地表明了萧伯纳对整个形式道德（formal morality）的态度，无论他的态度是对是错。萧伯纳不喜欢年轻的帕拉莫尔医生，因为他在自己和事实之间插入了次要而虚假的良心。当帕拉莫尔发现的疾病被证明不存在时，他看到的不是一个以为自己将会死去的人躲过了疾病，而是一面旗帜的降落，或者说一项事业的坍塌。这就是《易卜生主义的精华》的全部论点，但在这里表达得比那本书更好；它对理念论的危险——为了原则而牺牲人——进行了非常尖锐的阐述。而萧伯纳更为智慧地提出，这种过度的理念论在自然科学界最为严重。他明确表示，科学家往往更关心疾病，而不是病人；但他的思想也暗示了，理念论者更关心的是罪行，而不是罪人。

帕拉莫尔医生发现新疾病这件事，既是剧中最滑稽的，也是最具哲理、最重要的。其余的角色，包括花花公子自己，在真正意义上都只是"有趣而不粗俗"，也就是有趣但毫不重要的大众。这是一部关于一个时髦而高级的"易卜生俱乐部"的戏剧，讲述的是年轻的易卜生派和尚未达到易卜生水平的老年人之间的争吵。很难找到一个更有力的例子来证明萧伯纳唯一的本质错误——现代性，即他试图用时间来寻求真理。但仅仅过去几年时间，这部精彩的戏剧就已失去了近乎一半的智慧光芒，因为它已成了一种不再新鲜的时尚。无疑，许多人仍然认为易卜生的戏剧是伟大的，就像法国古典戏剧一样。但支持《花花公子》就如同走到一群旧派绅士中间，听他们说现在的年轻人都喜欢拉辛[1]。让这样的作品听起来不真实的不是对易卜生的赞美，而是对易卜生创新性的赞美。萧伯纳比克雷文上校有什么优势，我就比萧伯纳有什么优势；我们这些碰巧后出生的人，在这场毫无意义、微不足道的战争中，只能取得毫无意义、微不足道的胜利。在各类优势中，我们是最愚蠢、最势利的优胜者，是纯粹的时间贵族。所有试图成为"现代"的作品，都会随着时间的流逝变得古老乏味，它们满足于时间而不是永恒的味道。只有那些曾俯身走在时代前面的人，才会在某天发现自己已落后于时代。

但一想到无数钻石般耀眼的萧伯纳式智慧之银，都沉没在了这样一艘过时的战船上，就令人恼火。在《花花公子》一剧中，有五百个优秀的智慧火花，有大约五个难以超越的智慧珍宝。医生和军人之间关于他们两种职业的人性的对答，妙语连珠，令人钦佩。还有，当上校告诉查特里斯，"在他年轻的时候"，他不会

---

1 让·拉辛（Jean Racine），法国剧作家，与高乃依和莫里哀合称 17 世纪最伟大的三位法国剧作家。

像查特里斯那样做，就像他打牌不会出老千一样。查特里斯顿了顿说："你老了，克雷文，而且你还像以前一样把变老当作一种美德。"格蕾丝拒绝了她爱的人，而茱莉亚却即将嫁给她不爱的人，格蕾丝对茱莉亚说："这些男人，就是他们所说的幸福结局。"这句话所包含的悲剧意味堪比空难。

《花花公子》有一种辛辣的味道，当然，人们可能会认为萧伯纳是个超级敏感的人，他能找出《难以预料》(*You Never Can Tell*)中所有辛辣的东西。在萧伯纳的所有作品中，这部戏剧最坦率，有着毫无目的的生机勃勃。充满智慧和风趣的潘趣[1]可能会说，这部戏剧可以不叫《难以预料》，而是《你永远无法成为萧伯纳》("You never Can be Shaw")。然而，如果有人读了这部精彩的喜剧以后再去读别的浪漫戏剧，例如《匹克威克外传》甚至《错的盒子》，那么对于我在本书一开始所写的关于萧伯纳艺术中根深蒂固的冷酷甚至不人道的内容，我认为他会认同甚至完全赞同。我们只需做一个测试：爱，在一场"狂欢"中，可能是轻松的爱，也可能是懒散的爱，但如果它要增加大家的欢乐，那它应该是真诚和幸福的爱。运动员温克尔和吉姆森大师[2]可笑但幸运的爱情故事

1　英国传统木偶剧《潘趣和朱迪》中的主角，后引申为"一场由两方参加的意识形态之争，或者针锋相对的争论"。

2　温克尔和吉姆森都是《错的盒子》中的角色。

都是如此。格洛丽亚[1]在她那强横的情人面前崩溃的时候，有些东西就变得既冷漠又不纯洁了；它让人想起了现代超人残忍又无神的眼睛。这样的喜剧应该在一个小酒馆里，在友好的气氛中开始。而萧伯纳将其设定在牙医诊所中开始，这一点很有象征意义。

这批出色的戏剧采用了象征手法，其中我认为唯一失败的是《鳏夫的房产》[2]。萧伯纳最动人的笔触就在剧名上。用"鳏夫"代替"寡妇"这一简单的行为[3]，几乎包含了萧伯纳全部痛苦而又激烈的抗议；包含了相比郑重的措辞，他对不郑重的事实的偏好；包含了他对那些使逻辑学家偏离直线的微妙的性或神秘倾向的厌恶。我们可以想象他在呐喊："凭死亡和良心的名义，为什么成为寡妇是悲剧，而成为鳏夫是喜剧？"但是，在戏剧的制作方面，使用这种理性主义的方法大错特错。戏剧情节中最戏剧化的一点是，那个坦率但不

1　萧伯纳剧作《难以预料》中的角色。

2　英国游客屈兰奇和高坎在莱茵河畔结识了美国绅士萨托里阿斯和他的女儿白朗琪。屈兰奇和白朗琪一见钟情，萨托里阿斯也愿意成就这门亲事。但当从萨托里阿斯的收租人李克奇斯口中得知，萨托里阿斯的财富来源于贫民窟时，屈兰奇要求白朗琪婚后不接受任何来自父亲的财产，两人因此争吵。后来屈兰奇得知自己的财产和萨托利阿斯一样来自贫民窟，决定向白朗琪道歉。结局是屈兰奇同白朗琪结了婚，还同他的岳父合伙做买卖，用牺牲公共利益的方法发财致富。该剧剥掉了"上等人"体面的外衣，揭露了其残忍贪婪的本质。

3　该剧的剧名戏仿了《马太福音》第 23 章第 14 节耶稣的话："你们这假冒为善的文士和法利赛人有祸了。因为你们侵吞寡妇的房产（Widow's Houses），假意作很长的祷告，所以要受更重的刑罚。"

体面的勒索高额租金的人，转而指出那个有钱的体面年轻人同样不无辜，他同样只能通过压迫穷人来赚取生计。但即使在这里，这一点也没有戏剧性，因为它是间接的；它是间接的，因为它仅仅是社会学问题。一个年轻人依靠包括大量房产在内的未经审查的收入生活，就像任何独裁者或小偷一样危险，这可能是事实。但更加现实的是，你没法把这件事写进剧本，就像你没法把这件事写成三重奏。你可以写一个人抢劫另一个人，但不能写一个人抢劫一百万个人，更不用说他根本没意识到自己是在抢劫。

在本书所提及的戏剧中，我把《华伦夫人的职业》保留到了最后，固然是因为它很精彩，但更主要的是因为它引起了一场漫长而严重的风暴，被戏剧审查官否决了，它的命运使得它更出彩、更重要。我说这部戏剧很重要，是因为它引发的争论；如果我要提到某些纯粹的艺术家，可能就是对他们的一种侮辱了。但萧伯纳身上也有崇高和英雄的东西，其中最崇高、最英雄的就是，他毫无疑问更关心争论而不是戏剧本身。他对这场关于审查制度的争论有强烈的感觉，他很清楚在一本体现同情的书中，删去华伦夫人的部分比删去雷德福先生的部分要好得多。这一选择是剧作家非常个人的行为，是他对事物非常肯定的一种态度的主张，他认为声明谁是这场争端的两个当事方——这部戏和阻止这部戏过审的官员——是公正和必要的。

《华伦夫人的职业》这部戏讲的是一个粗俗的母亲和一个冷漠的女儿，母亲做着普通而肮脏的娼妓交易，女儿直到最后才知道她所有的舒适和优雅的这一糟透了的来源。当女儿发现真相时，震惊而轻蔑地僵住了，这确实是非常女性化的做法。母亲则一下子变得愤世嫉俗而又务实，这也是很女性化的。这段对话激烈而意义重大，女儿说这种交易令人恶心，母亲回答说她自己也觉得恶心，每个正常人都觉得她赖以生存的交易很恶心。毫无疑问，该剧的总体效果是，这个行当令人厌恶，怎么会有人如此麻木不仁，竟然还需要别人把这一事实告诉他。毫无疑问，结果是妓院是个悲惨的行业，妓院老板是个悲惨的女人。萧伯纳的整个戏剧艺术就是这个词的字面意义：悲喜剧（tragi-comic），我的意思是喜剧部分在悲剧之后。但是，正如《难以预料》是萧伯纳最接近纯粹喜剧的作品一样，《华伦夫人的职业》也代表了他唯一完整的，或近乎完整的悲剧。《华伦夫人的职业》没有《花花公子》那样廉价的现代感，它和《旧约》一样老派："因她受伤扑倒的人甚多。被她杀死的勇士甚多。她的家在地狱门前，直通死亡之殿。"这部剧里没有像《鳏夫的房产》那样微妙的伦理，因为即使是那些将一个女人抛弃自己的荣誉视为高贵的现代人，也肯定不会认为一个女人出卖自己的荣誉特别高贵。这部剧不像《难以预料》那样，被笑声、惊讶和幸福的巧合点亮。这部戏是纯粹的悲剧，讲述的是一个永恒而又相当普通的人类问题；与《俄狄浦斯王》或《麦克白》相比，这个问题同样平凡而永恒，这个悲剧同样杰出而又纯洁。这部戏剧本来是按正常方式在公演，突然就被戏剧审查官叫停了。

戏剧审查官是18世纪偶然出现的小官员。就像英国人现在所尊敬的几乎所有古老而有根基的力量一样，他是最近才出现的。小说和报纸仍然在谈论随征服者威廉而来的英国贵族。我们有效的寡头政治不像宗教改革那样古老，它也不是征服者威廉带来的。一些年长的英国地主是随奥兰治的威廉[1]而来，其余地主则是普通的外来移民。同样地，我们总是把维多利亚时代的女性（带着嗅盐、生性敏感）说成是传统的，但她们确实是相当新潮的。她们认为她们的时代比我们现在正退回去的那个粗俗、坦率的伊丽莎白时代文雅、文明得多。我们永远不会被旧事压迫，真正能压迫我们的都是最近发生的事。根据这一原则，现代英国延续了一个在沃波尔[2]时代最劣等的工作——戏剧审查官，好像它是永

1　奥兰治的威廉（Willem of Orange），荷兰独立战争时期的政治家，荷兰共和国第一任执政。1688 年英国发生光荣革命，詹姆斯二世被废黜，威廉和妻子玛丽入主英国，接受《权利法案》，英荷两国形成共主邦联。

2　罗伯特·沃波尔，第一代奥福德伯爵（Robert Walpole, 1st Earl of Orford），英国辉格党政治家。后人普遍认为他是英国历史上第一位首相。在任首相期间，沃波尔曾努力避免对外开战，并维持低税率政策，让英国免于欧陆战争影响，使经济繁荣稳定。

恒道德的一部分一样。正如他们认为18世纪的暴发户可以追溯到黑斯廷斯，正如他们认为18世纪的女士可以追溯到夏娃，所以他们认为18世纪的审查制度可以追溯到西奈山。戏剧审查制度的起源实际上纯粹是政治性的，它的首要和主要的成就是阻止了菲尔丁[1]写剧本，但根本不是因为他写的剧本粗俗，而是因为剧本的内容在批评政府。菲尔丁是一位自由作家，但审查官并不是因他的性自由观念而憎恨他，即使他撕下了体面的最隐秘的帘子，或者撕下了私生活的最后一块破布，审查官也不会反对的。审查官不喜欢的是他将公共生活的帷幕揭开。在我们的国家，这种精神仍然很盛行，人们最想掩盖的事情莫过于公共事务了。不过，在沃波尔那个时代，这种做法要露骨大胆得多。戏剧审查制度有其根源，不仅源于暴政，而且源于一种琐碎的、暂时的、党派式的暴政；就其本质而言，它远比造舰税[2]短暂，远不如其重要。也许这一制度最辉煌的时刻，就是那位肮脏的作家小科尔曼占据审查官办公室的时候，他严肃地拒绝审查通过《我们的村庄》[3]的作者的

1　菲尔丁（Fielding）是英国现实主义小说家。早期的创作活动以编剧为主，先后写有二十五部喜剧、笑剧和小歌剧，讽刺社会政治的黑暗。后期致力于写作长篇小说。

2　英国政府的一项税收，为国防船舰提供资金。

3　英国作家玛丽·拉塞尔·米特福德的作品，英国自然文学最有影响力的代表作，表现原汁原味的乡村生活。

一部作品。有观点认为，是乔治·科尔曼的克制和贞洁，把英国公众从米特福德小姐的色情和淫秽中拯救了出来，这很有趣，很少有比这更有趣的观点能成为事实的。

上述所说就是这部戏剧和阻止了这部戏剧的力量。一个人写了这部戏剧，另一个人禁止了它，萧伯纳和雷德福先生旗鼓相当，只是萧伯纳在公共场合为自己的行为辩护，而雷德福先生没有。这位剧作家不只是被一个暴君镇压了，更糟糕的是（因为它是现代的）它是被一个不声不响、遮遮掩掩的暴君镇压的。一说起暴君，人们都是说他傲慢，但是，我们现在遭受的是暴君的谦逊，是强者的羞怯和回避。萧伯纳为《华伦夫人的职业》写的序言比起这位官员的敷衍塞责，更适合被称为一份公开文件，它更精确、更普适、更权威。萧伯纳对待雷德福，比雷德福对待萧伯纳，更注重国民性和责任感。

这位剧作家在这场争论中发现了他一生中最重要的时刻之一，因为这一危机在他心中唤起了某种从许多角度来说是他身上最高品质的东西——义愤。作为一种纯粹的争论艺术，他立即把战争带进了敌人的阵营。他不再为放纵自己找借口，他宣称审查官是肮脏的，而他萧伯纳是干净的。他没有讨论审查制度是否应当使得戏剧合乎道德，他宣称是审查制度使得戏剧不合乎道德。他以一种巧妙的策略大胆地攻击审查官，既攻击审查官所允许的，也攻击审查官所阻止的。他指责审查官鼓励一切引人堕落的戏剧，只阻止那些不引人堕落的戏剧。这种态度绝不是无聊的矛盾。正如萧伯纳所指出的，在许多戏剧中，妓女和老鸨实际上是显而易见的，在那些戏剧中，她们被描述为陶醉在美丽的环境中，沐浴在辉煌的人气中。萧伯纳的罪过不在于他引入了《欢乐女孩》[1]，一百部音乐剧已经不拘小节地这么做过了。萧伯纳的罪过在于他引入了《欢乐女孩》，但并没有把她的生活描绘得充满欢乐。《欢乐女孩》在观众面前炫耀着堕落的乐趣，却对他们小心翼翼地隐瞒了邪恶的危险。欢乐的冒险，华丽的服装，香槟和牡蛎，钻石和汽车，剧作家们被允许把所有这些令人眼花缭乱的诱惑，都拖到画廊里任何一个抱怨薪水的傻女仆面前，但是他们却不能警告她这种生活的粗鄙、恶心，不能警告她这种生活充满着可怕的欺骗和疾病。《华伦夫人的职业》没有达到足够的不道德标准，它不够火辣刺激，因此不能通过审查。可接受的、被接受的戏剧都是那些使一个女人的堕落变得时髦而迷人的戏剧。不管怎么说，似乎审查官的职业和华伦夫人的职业是一样的。

---

1 《欢乐女孩》（*A Gaiety Girl*）是一部英国音乐喜剧，1893 年 10 月 14 日在伦敦的威尔士王子剧院开幕。1894 年，它还成功地在百老汇上演了三个月，随后在美国和世界巡回演出。

萧伯纳就是采用上述角度对审查官进行了猛烈攻击，不可否认，其中有夸张之处，更糟的是，有疏漏之处。这种观点很容易被曲解，它可能结束于宗教法庭上令受刑人惨叫的酷刑画面，后者还能纠正《私人秘书》[1]给人造成的牧师十分温和的印象。但如果只是把这场争论作为一个绝佳例子，证明这位作家咄咄逼人的态度，以及他喜欢在辩论中扭转局势，那它绝对值得记录下来。此外，尽管这种观点可能有些言过其实，但它也包含了一个重要的事实。其中最重要的一点是，尽管在传统戏剧中恶行会受到惩罚，但惩罚并不真正令人印象深刻，因为它并非不可避免的，甚至是不可能的。它不是由邪恶行为产生的。多年以后，萧伯纳谈到他的朋友格兰维尔·巴克先生的戏剧《荒废》时，再次提出了这个论点。在该剧中，一个女人死于黑诊所手术。萧伯纳说，如果她死于毒药或枪击，那所有人都会无动于衷，因为从本质上讲，大众的脑中没有把手枪和女性的不贞建立起关联，而黑诊所手术则通常让人想到女性的不贞。这种说法很真实。惩罚可能是随罪行而来的，在许多情况下都是如此。在这里，我认为，如果

1　《私人秘书》（*The Private Secretary*）是一部 1883 年的三幕闹剧，作者是查尔斯·霍特雷。该剧改编自一部德国原作，描述了一位温和的年轻牧师的兴衰变迁，他天真地卷入了两个企图逃避债主的不负责任的年轻人的阴谋之中。

我们说，对舞台上这些东西的反对纯粹是艺术上的反对，那就可以充分澄清整个论点。谈论黑诊所手术没有错，在很多情况下，不谈论它才是大错特错的。但对于一件艺术品的直观感觉来说，它很可能只是太丑陋了一点。觉得恶心并没有什么错，但如果萧伯纳写一部戏剧，所有的角色都在舞台上呕吐，以表达他们对动物性食物的厌恶，我认为我们应该有理由说，这件事的确不违背道德法则，但它在文明的文学的框架之外。每个人听到《荒废》中的手术都本能感到排斥，这根本不是一种道德上的排斥。但这是一种审美上的排斥，而且是合理的排斥。

但我只细谈萧伯纳的这一特殊战斗阶段，因为它让我们面临我最开始提到的他的根本特质。萧伯纳对艺术毫不关心，与道德相比，艺术在他眼中不值一提。萧伯纳是一个清教徒，他的工作就是清教徒的工作。他具有古老、刚健、稀有的那类新教徒的一切品质。在他的作品中，他像清教徒一样令人不快。他像清教徒一样不得体。他满是粗话和肉欲这件事，就像17世纪的布道一样是个事实。在他生命的这一阶段，确实几乎没有人会想着称他为清教徒；他有时被称为无政府主义者，有时被称为小丑，有时被（更有眼光的蠢人）说成自命不凡。人们认为他对眼前问题的态度是引人注目的，甚至是不体面的；我认为没有人会把他的态度跟古老的加尔文主义道德联系起来。但是萧伯纳本人比研究他的人更清楚，此时此刻他正要承认自己的道德出身。他创作的下一部戏剧集就是《给清教徒的戏剧》（包括《魔鬼的门徒》《布拉斯庞德上尉的转变》《恺撒与克利奥佩特拉》）。

这部名为《魔鬼的门徒》的戏剧有很多优点，但这些优点都是次要的。剧中的一些笑话严肃而重要，但它总体上只能称为笑话。在萧伯纳的戏剧中（当然除了《他如何对她的丈夫撒谎》和《令人钦佩的巴什维尔》），这部戏剧几乎是绝无仅有的，它不以任何简单的伦理或哲学信念为中心。该剧似乎采用了一种情节剧的艺术观念，在这种情节剧中，所有传统的情节都将突然转变为非传统的。牧师在本应表现出勇气的地方，却表现出怯懦；罪人在本应忏悔，表现自己有爱的地方，却只表现出冷漠。这种手法有点太像报纸评论中的萧伯纳，而不是真实的萧伯纳。剧作家本人的两个主要道德观念在此剧中确实有所体现。第一个是，从某种意义上说，伟大的英雄行为无源可溯；或者说，它不是出自任何平凡的动机；它以赤裸裸的美在灵魂中诞生，有它自己的权威，只为它自己证明。从萧伯纳的行为动因看，他不是为了某事物行动，而是因某事物行动。英雄死去，

1　此剧讲述了不敬上帝、藐视一切传统道德的"魔鬼的门徒"理查德毫不犹豫地冒名顶替了牧师安东尼·安德生承受绞刑，后被牧师救下的故事。

不是因为他渴望英勇，而是因为他拥有英勇。所以在这部特别的戏中，魔鬼的门徒发现自己的本性不允许他把绳子套在别人的脖子上；他没有欲望，没有感情，甚至没有公正；他的死是一种神圣的心血来潮（divine whim）。与此相关，萧伯纳介绍了另一种他秉持的道德观念：反对无休止地利用性的动机。他故意引诱观众进入丘比特的网，以便善意地告诉他们，丘比特根本不存在。无数的情节剧剧作家，都写过一个男人为了所爱的女人面对死亡的情节，萧伯纳则让一个男人为了自己不爱的女人面对死亡——仅仅是为了让女人摆正自己的位置。他反对盲目的性崇拜，因为性崇拜是一切强迫性热情的源泉；他不喜欢那种让女性成为男性唯一的关键的情爱剧。他在政治上是个女权主义者，但在情感上则是个反女权斗士。他对大多数问题的回答都是："不要去找女人。"

正如我们所见，该剧中时时发生的偶然巧合令人难忘，特别是与伯格恩将军这一角色有关的巧合，他是18世纪真正热血的、思想自由的绅士，他是个十足的贵族，更是一个自由主义者。在萧伯纳创造的所有对决中，最精彩的一击是，理查德·杜德金（Richard Dudgeon）被判绞刑之后，反问为什么他不能像士兵一样被枪毙。"你说这话显得你像个平民一样，"伯格恩将军回答说，"你还不了解英国军队的枪法吗？"同样精彩的是，他的下属在一段话中谈到粉碎在美洲的敌人，伯格恩问他，谁来粉碎在英国的敌人——势利、假仁假义、无可救药的粗心和懒惰？在结尾的一句话中，萧伯纳对人类的理解比他在其他任何地方展示的都更广泛、更亲切："世界是由各种各样的人组成的，需要圣人，也需要士兵。"如果萧伯纳在其他场合还记得这句话，他就能避免他关于恺撒和布鲁图斯的错误。世界是由形形色色的人组成的，不仅如此，世界若没有失败，也无法成功。也许这部剧最值得怀疑的一点是，为什么它是为清教徒而创作的——除了剧中关于加尔文主义家庭的可怕画面意在摧毁清教主义以外。的确，在这方面，仍然有必要依靠我在本书一开始所讲过的那些事实；尤其有必要记住的是，萧伯纳极有可能是作为局内人谈论清教主义的。正是在内部圈子中，他听到了穆迪与桑基的故事。这个内部圈子，即使再陶醉也不会喝酒，在那样的氛围、那样的社群里，萧伯纳甚至可能遇到了《魔鬼的门徒》里那个可怕的母亲。那个可怕的老妇人声称她已经狠下心肠去恨她的孩子们，因为人类的心邪恶至极，她甚至把自己的一个孩子变成了低能儿，又抛弃了另一个孩子。这种情况确实发生在那些醉心于曾经辉煌过的清教决定论的小社会里，可能爱尔兰的加尔文主义者中确实有一些人否认慈善是基督徒的美德，可能在清教徒中有人认为一个热心肠是一种心脏病。但是一想到，一个天才是在欧洲一个这么小的角落里获得了他对这世界的最初印象，导致他长时间地认为这种清教主义在基督徒中很流行，这就足以使人感到痛心了。不过，我们不需要在这个问题上流连，因为这批戏里还有另外两部比较容易谈论的戏。

《给清教徒的戏剧》这一系列中的第三部戏剧魅力非凡，叫作《布拉斯庞德上尉的转变》。就像有关恺撒的许多戏剧一样，这部戏剧也激发了人们关于复仇的虚荣心的看法，那就是，一个人让这种虚荣心占据和腐蚀他的意识是太轻微、太愚蠢的事情。当然，这里的道德观念并不新鲜，新鲜的是道德观念核心那淡淡的冷笑。许多圣人先贤都谴责过复仇，但他们的理由是复仇对于人类来说太伟大了。主说："申冤在我，我必报应。"萧伯纳则认为复仇对于人类来说太渺小了，是一个本应被识破的猴子把戏，一种本应可控的儿童哭闹。在这个故事中，布拉斯庞德上尉在他飘忽不定的生活中得到了滋养，他在非洲所有令人讨厌的地方四处奔波——对他而言，这是一种个人惩罚，也是一项正义使命。布拉斯庞德的母亲死于法官的判决，他四处游荡，百般筹划，直到那名法官落入他手。然后，一位亲切的社交名媛西塞莉·韦恩弗利特夫人，在给他缝补外套时，以一种轻松的对话语调，如潺潺流水般向他娓娓道来，说他是在愚弄自己，他的冤屈无关紧要，他的报复毫无目的，如果他能彻底抛开他那病态的幻想，他会好得多。简而言之，她告诉他，他是在为了毁掉一个完全陌生的人而毁掉自己。这里，我们再次听到了经济学家的观点，即对单纯损失的厌恶。萧伯纳（几乎可以说）不喜欢谋杀，不是因为谋杀剥夺了被害人的性命，而是因为它浪费了凶手的时间。如果要试图说服搞夜间偷袭的同胞不要射杀房主，我可以想象，萧伯纳会以一种仁慈的口吻解释说，这不是房主会失去生命的问题，而是他自己会损失一颗子弹的问题。但事实上，仅仅是这种爱尔兰式的比较，就让我对西塞莉·韦恩弗利特夫人的哲学是否完全可靠产生了怀疑，对《布拉斯庞德上尉的转变》是否完全没有道德观念产生了怀疑。当然，像西塞莉·韦恩弗利特夫人这样的贵族自然希望不要自找麻烦，尤其是对那些被布拉奇福德先生称为失败者的人。她当然希望一切都顺利，一切都好，这是很自然的。但我的脑海里一直有个问题挥之不去，如果有几个布拉斯庞德上尉真的向法官复了仇，我们法官的素质是否会有实质性的提高？

这种疑问一旦摆脱了人的良心，人们就会迷失在西塞莉·韦恩弗利特夫人所说的无尽的幸福中，这是她的创造者创造的最生动、最有趣的东西之一。我不知道还有什么比这更能说明人物之美的了，那就是这个角色是专门为艾伦·特里[1]写的，西塞莉·韦恩弗利特夫人和贝雅特丽斯是为数不多的、剧作家可以宣称她们的成功有他部分功劳的几个角色之一。

我们现在可以来看更重要的剧本了。有一段时间，萧伯纳似乎一直在沉思尤利乌斯·恺撒的灵魂。人们对尤利乌斯·恺撒的灵魂总是怀有强烈的好奇心，除此之外，人们还强烈好奇他是否有灵魂。萧伯纳写恺撒是必然的，也很顺利，其中决定性的原因是，恺撒确实是唯一适用萧伯纳理论的历史伟人。恺撒是萧伯纳笔下的英雄。恺撒很仁慈，但丝毫不可怜，他的仁慈比正义更冷酷。从本质上讲，恺撒不是战士，而是一个征服者；他的勇气与其说是源于恐惧，不如说是源于孤独。恺撒是个煽动家，但不是民主主义者。同样地，萧伯纳是个煽动家，但不是民主主义者。如果萧伯纳试图从人类的其他英雄或圣人身上证明他的原则，他会发现这要比从恺撒身上证明困难得多。拿破仑取得了更加不可思议的征服成就，但他在最辉煌时却是个狂热的男孩，无可救药地爱着一个年龄比他大得多的女人。圣女贞德取得了更迅速、更

---

1 艾伦·特里（Dame Alice Ellen Terry），是英国著名的莎士比亚女演员，被称为"戏剧皇后"。她最著名的两个角色是《威尼斯商人》中的鲍西娅和《无事生非》中的贝雅特丽斯。1906 年 4 月，她饰演了西塞莉·韦恩弗利特夫人，并成功地在英国和美国巡回演出。

令人难以置信的世俗成功，但是圣女贞德取得世俗成功是因为她相信有另一个世界。纳尔逊十足是个人物，迷人，而且戏剧性地果断；但纳尔逊是"浪漫的"，他是一位忠诚的爱国者，也是一位忠诚的爱人。亚历山大大帝充满激情；克伦威尔会流泪；俾斯麦有些土气的宗教信仰；弗雷德里克大帝是一位诗人；查理曼大帝喜欢孩子。不过，尤利乌斯·恺撒对萧伯纳的吸引力之巨大，与其说是正面的，不如说是负面的。没有人能肯定地说恺撒在乎什么。称恺撒为利己主义者是不公平的，因为甚至没有证据表明他在乎自己。他可能既不是无神论者，也不是悲观主义者。但他也有可能是，这正是问题所在。他可能是一个普通、体面、善良的人，稍微欠缺一些精神上的开阔。另一方面，他可能是异教的化身，就像耶稣是基督教的化身一样。正如耶稣所体现的，一个人的谦逊和仁慈是多么伟大；恺撒可能体现了，一个人的冷漠和轻率是多么伟大。根据大多数传说，反基督者会在耶稣之后不久降临。如果我们假定反基督者是在耶稣之前不久出现的，那么反基督者很可能就是恺撒。

我认为，说萧伯纳并未企图把恺撒塑造得超尘拔俗，这是公平的，但他笔下的恺撒直白不加隐藏，充满消极之感，这倒让恺撒显得卓尔不群。《旧约》中的耶和华暗示了，高等生命的残酷中隐藏着某种厚重的，甚至是折磨人的爱，但这没有任何迹象可循。恺撒鹤立鸡群，不是因为他爱得更多，而是因为他恨得更少。恺撒宽宏大量，不是因为他有足够的慈悲去宽恕，而是因为他没有足够的热心去报复。剧中没有任何地方暗示他隐藏着什么对人类的亲切意图，或什么强烈柔情。为了使这一点毫无疑问，萧伯纳引入了恺撒单独和斯芬克斯在一起时的独白。如果恺撒有什么隐藏的情感，在那里他会爆发出最深的兄弟情谊或对人民的极度同情。但在斯芬克斯和恺撒独处的那一幕中，恺撒和斯芬克斯一样冷漠、孤独、毫无生气。

但是，不管萧伯纳笔下的恺撒是不是一个完美的理想，毫无疑问，他是一个意义重大的实在（reality）。萧伯纳没有创作过比之更伟大的艺术作品了。如果恺撒被刻画得有点像雕像，那就是一个伟大雕塑家造就的雕像，是最好时期的雕像。如果他的高贵带着一点消极意味，那也是黑夜苍穹般的消极，而不像某些"新式道德"，不过是煤洞一般的神秘。的确，当萧伯纳严肃认真的时候，这种有点严厉的工作方法非常适合他。他的真正天才一点也不哥特式；他无法建造一座中世纪的大教堂，在那里笑声和恐惧被一起扭曲成石，被神秘的激情熔化。他可以自娱自乐地建造一座中国宝塔，但当他认真的时候，他只能建造罗马神庙。他对真理有敏锐的眼光，但正如俗话所说，他是那种喜欢把真相白纸黑字写下来的人。他总是嘲笑浪漫主义者和理想主义者，因为他们不愿把真相白纸黑字写下来。但是世界上并不只有黑白两种颜色。现代科学家用黑色和白色写下的事实，并不比中世纪僧侣用金色和红色、海绿色和绿松石色写下的事实更准确。不管怎样，更简朴的方法单独存在，并且有人特别擅长，这是一件好事。萧伯纳尤其擅长于此，他是一位杰出的黑白艺术家。

作为白纸黑字的研究，没有什么比这幅尤利乌斯·恺撒的素描更好了。他并没有被描绘成"像巨人一样横跨大地"（对于一个英雄来说，这确实是一种相当滑稽的姿势），而是以一种严肃而随意的态度在世间行走，他轻轻地触碰着地球，但又像推石头一样把它推开。他就像一个有翅膀的人选择收起翅膀在地上行走。甚至他的善良也有些怪异，会让他面前的人觉得自己好像是玻璃做的。这部戏剧大量暗示了恺撒仁慈的本质。恺撒不喜欢大屠杀，不是因为这是深重的罪孽，而是因为它是小罪。我们可以感觉到，他把大屠杀归为一种调情或一阵愠怒，归为一种由他一时的微不足道的感情所支配的、对人类永恒目标的毫无意义的暂时的征服。他愿意为了伟大的目标而投身杀戮，如同投身大海；但他认为，被人哄骗着实施这种行为，就像从码头得到透露的消息一样有失尊严。在一段特别精彩的情节中，克利奥佩特拉雇了刺客去刺杀一个敌人，为了给她的报复正名，她说："如果你能在全非洲找到一个人说我做错了，就让我的奴隶把我钉在十字架上。"恺撒回答说："如果你能在世界上找到一个人看出来你做错了，他要么像我一样征服这世界，要么被钉在十字架上。"这就是这位异教徒崇高气质的最高境界，当几分钟后人们举起闪亮的刀剑向这位英雄致敬时，我们并不觉得有何不妥，也不认为他这种气质跟萧伯纳有何不同。

这部戏剧的序言中关于尤利乌斯·恺撒的内容比戏剧本身更多，萧伯纳的作品一向如此。但我认为，序言中的这幅肖像更荒诞不经，他试图将恺撒令人战栗的超人形象与古老童话故事中的英雄联系起来。但是萧伯纳不应该谈论童话故事，因为他并不是从内心感受它们的。我已经说过，在历史和国内传统的所有方面，萧伯纳都有所不足。他不是把自己当成四岁的孩童，把它们视为童话故事，而是把自己当作四十岁，把它们视为"民间传说"。他犯了一个大错误，如果他坚持庆祝生日，挂起长筒袜过圣诞节，让自己内心的火焰像家中的火焰一样长明不灭，他就不会犯这个错误了。这一点是萧伯纳所特有的，实际上也是对他最有趣的主张和最有趣的错误的总结，它本身就值得用一个词来总结，尽管这个词必须要通过与其他几乎所有的戏剧联系起来记忆。

他的基本主张具有挑衅意味，是加尔文主义的主张，即美德不是天选之人赢来的，而是他们本来就拥有的。一个人的善良不在于他努力行善，而在于他本来就善良。尤利乌斯·恺撒胜过其他人，因为他比别人拥有更多的美德，不是通过努力、受苦或购买而得到的，不是因为他英勇地奋斗而得到的，而是因为他就是个英雄。恺撒得到救赎不是因为他的成就，甚至不是因为他的信仰，他得救是因为他是天选之人之一。而萧伯纳，到目前为止，他只是我在本书开始称呼他的那些名词，只是一个信奉17世纪加尔文主义主张的人。然而不幸的是，萧伯纳追溯到了17世纪以前，他还引用了人类的原始传说，声称自己的观点更加古老。他认为，当童话故事给巨人杀手杰克（Jack the Giant Killer）[1]披上一层黑暗的外衣或给了他一把魔法剑时，这外衣或剑就抹去了杰克在"普通道德"意义上的所有功劳；他之所以能像恺撒那样获胜，只是因为他很优秀。在此我承认，我确信萧伯纳在他整个简单而奋进的一生中，从未像他写下这些话时那样接近地狱。但在这个关于童话的问题上，我的观点很直接：不是他离地狱有多近，而是他离童话世界有多远。那种认为拿着魔法剑的英雄就是拥有魔法优势的超人的观点，只不过是书呆子的自以为是；在巨

---

1 英国童话故事中的人物。据说杰克是个农夫的儿子，生活在亚瑟王时代。他既勇敢又聪明，由于杀死巨人而扬名。杰克最初引诱康沃尔山巨人落入陷阱，杀死了他。后来，又用计谋从另一个巨人那里骗得了四件宝物：隐身衣、知识帽、快行鞋、无敌剑。靠这四件宝物他除掉了所有的巨人。

人杀手杰克的故事中，没有一个孩子、男孩或男人有过这种感觉。显然，真实的道德是完全相反的。杰克的仙剑和隐形外衣是笨拙的应急手段，使他能够与天生更强大的对手战斗。它们是粗糙野蛮的替代品，有了它们，作者就不需要再描述杰克特有的英勇或坚毅。但头脑清醒的人都会认为，《巨人杀手杰克》传达的观点其实与萧伯纳的观点完全相反。如果它不是一个关于努力、关于胜利来之不易的故事，它就不会被取名为"巨人杀手杰克"了。如果这是一个关于自然优势获胜的故事，它将被称为"杰克杀手巨人"。如果这个童话故事的讲述者只是想强调某些生命生来就比其他生命更强大，他就不会依靠精心设计的武器和服装让杰克征服一个食人魔。他会让食人魔征服杰克。"强者的力量令人钦佩，弱者的勇气则不值得钦佩"，这是一个令人难以置信的可鄙信条。我不想表达我对此的感受，如果非要说点什么，那么这样说才足以表达：我只有召唤出萧伯纳，亲眼看到他坦率的手势、和蔼的眼睛，亲耳听到他优美的爱尔兰口音，才能消除我的轻蔑之感。不过，我这样详述这一点并没有什么目的，仅仅是为了表明，我们必须不断回顾本书开始时的那些具体基础。正如我说过的，萧伯纳的民族性还不足以使他成为一个爱国者，他从来不是他过去的一部分。因此，当他试图解释传统时，就会遭遇可怕的失败，就像在这个例子中一样。萧伯纳（我强烈怀疑）在很小的时候就开始不相信圣诞老人了。而这次，圣诞老人已经为自己报仇雪恨了，他拿走了所有史前经典的钥匙；因此，一位高贵而可敬的艺术家就像某位德国教授一样，深陷泥潭。这个完整的童话，几乎完全致力于表现弱者面对强者取得了意外胜利；而萧伯纳则设法使它意味着强者面对弱者取得了必然胜利——而这一点，使得它根本不可能成为一个故事。这一切都是因为那个错误，他没能坚持庆祝生日。一个人应该永远维系与母亲之间的纽带，他应该永远抓住自己的童年，并随时准备从孩子的立场重新开始。从神学角度来说，最好的表达是："你必须重生。"从世俗角度来说，最好的表达是："你一定要过好你的生日。"虽然你不会真的重生，但至少偶尔提醒自己，你曾经出生过。

在这部关于恺撒的戏剧中，有些笑料还是很优秀的，尽管在总体上不如萧伯纳此前的戏剧那样自然和完美。可以顺便提一下其中一个，不仅是为了引起人们对其失败的注意（尽管萧伯纳才华横溢，足以承受多次失败），而且因为这是提及作者固执己见的小观点之一的最佳机会。萧伯纳把恺撒麾下的古代不列颠人描述成现代受人尊敬的英国人。作为一个圣诞哑剧的笑点，这是完全可以的，但是，既然这朵花来自萧伯纳笔下，不管它开得多么奇妙，人们都希望它开自某种智慧的根源。很明显，只要有点历史常识的人都会反对这种观点，即在我们这片土地被罗马所照亮或被各种各样的入侵所席卷之前，占据这片土地的神秘的德鲁伊人[1]，是伯明翰或布莱顿商业社会的精确复制品。但萧伯纳永远不会承认他的任何笑话只是一个笑话，这是他清教徒特质的一部分，是他高度紧绷的精神的一部分。在他最有智慧的时候，他会极力否认自己的智慧；他会说一些连伏尔泰都可能嫉妒的话，然后宣称他都是从一本蓝皮书里看来的。关于这种古怪的自我否定，我们不妨注意一下古代不列颠人的这一点。有人曾委婉地指出，恺撒发现的第一个忧郁的不列颠人可能不是布罗德本特[2]先生这样的；萧伯纳一听到就滔滔不绝地抛出他的理论，解释说气候是影响民族气质的唯一因素；无论哪个种族遭遇英国或爱尔兰的气候，都会变得像英国人或爱尔兰人一样。现代种族理论无疑是一种愚蠢的唯物主义，它试图用我们完全不确定的关于凯尔特人、蒙古人和伊比利亚人的史前猜测，来解释我们确信的关于法国人、苏格兰人、罗马人、日本人的事情。当然，种族问题是存在的，但是一些人种学教授提出的种族理论是不现实的。血浓于水或许是真的，但大脑有时比任何东西都有分量。话说回来，如

1　德鲁伊（Druid）这个单词的原意是"熟悉橡树的人"。在历史上，他们是凯尔特民族的神职人员，主要特点是在森林里居住，擅长运用草药进行医疗，橡果是他们崇拜的圣物。他们属于凯尔特人中的特权阶级，是部落的支配者、王室顾问、神的代言人，地位极尊。

2　萧伯纳的戏剧《英国佬的另一个岛》中的角色。

果还有什么东西比种族无所不能理论更深奥、更晦涩、更无意义的话，我想，那就是萧伯纳为了逃避这一理论而去寻求庇护的东西——气候无所不能学说。气候的确是一个因素，但如果气候决定一切，英印混血儿就会越来越像印度人，而事实远非如此。我们这个时代的邪恶精神，迫使人们总是假装找到了某种客观、机械的解释。萧伯纳在他最后的日子里，一直在肯定人类非机械部分的神圣性，以及创造和选择的神圣性，然而他似乎从未想到，民族差异的真正关键在于意愿，而非环境。现代人从未这样想过：也许一个民族主要是受其行为选择的影响。如果我必须在种族和天气之间做出选择，我会选择种族；我宁愿囿于曾经活生生的祖先，也不愿被从未有过生命的泥土和迷雾所困。但我不打算受上述两类因素的控制，对我来说，我的民族历史是一连串的选择。造就英国的既不是血液也不是雨水，而是希望，是所有亡者渴望的东西。法国不是法国，因为她是由凯尔特人的头骨或高卢的太阳造就的。法国之所以成为法国，是因为她的选择。

我有点离题，因为我们很可能会遇到某种差不多无关紧要，但的确会破坏萧伯纳作品的错误，这就是一个很好的例子。只有当我们把优点的可靠性讲得相当清楚时，才会提到这个错误。说萧伯纳只是在戏弄人，显然是可笑的；至少从他所有的笑话中可以找到一种相当系统的哲学，而人们不可能在丹·雷诺[1]先生的所有歌曲中都坚持这种统一。我已经指出，萧伯纳的天才实在是太苛刻和认真了，而不是太快活和不负责任。稍后我将有机会指出，非常严肃地看，萧伯纳绝不是一个矛盾的人。无论如何，如果任何一个研究萧伯纳的真正的学者说萧伯纳只是在愚弄他，我们只能说，任何人愚弄那个学者都是多此一举。尽管这位剧作家的笑话总是很正经，而且通常很直白，但他确实不时会受到某种精神的影响，气候理论就是一个例子，这种精神只能被称为自作聪明。我想这是智慧的一种报应，就像车轮在高速行驶时会打滑一样。也许这与他的游牧（nomadic）本性有关。正是由于缺乏根基，离古老的本能和传统太遥远，才导致了萧伯纳在某些主题上凄凉、无情又过分的言论，这使得他既不令人信服，又过于夸张；他的讽刺是荒唐的，他的笑话与其说是疯狂，不如说是愚蠢。他的言论甚至被认为是与真相毫无象征关系的谎言，是对不存在的事物的夸大。例如，如果一个人把圣诞节简单说成是人们醉酒和暴饮暴食的虚伪借口，这是不对的，但这种说法在某种程度上也隐藏着事实。但是，当萧伯纳说圣诞节只是一个由家禽贩

1　丹·雷诺（Dan Leno），原名乔治·怀尔德·高尔文。他是一名演员和作家，因《莱姆豪斯傀儡》《对比》和《滑稽猎狐》而闻名。

子和酒商完全出于商业动机而策划的阴谋时，他说的话与其说是假的，不如说是惊人的愚蠢。他还可以说，男女两性是由那些想卖婚戒的珠宝商发明的。再以国籍和爱国主义为例。如果有人说，部落、王国或帝国之间的所有边界都是荒谬的或不存在的，那将是一个谬论，但也算得上是个始终如一的哲学上的谬论。但是，当萧伯纳说英国无足轻重，大英帝国完全有可能把这些岛屿让给德国时，他不仅判断失误，而且是彻头彻尾的错误。如果英国不真实，那么大英帝国必定是不真实的一千倍。这就好像有人说："我不相信迈克尔·斯考特[1]曾经存在过，但我深信他投下了阴影，尽管有种种荒唐的传说。"

如前所述，每一种普遍的印象都必然有一定道理。萧伯纳是他那个时代极端严肃的人，但他给人的印象不过是一个杂耍艺术家，这一定与他这些罕见的惊人言论有关。一般来说，他的演讲内容丰富，不仅言之有物，而且该"物"是原材料一类的"物"，比如猪肉、红木、铅和皮革。没有人的论点比萧伯纳的更能体现拿破仑地图式的细节了。他确实喜欢开玩笑，但无论走到哪里，

---

1 迈克尔·斯考特（**Michael Scott**），中世纪苏格兰的牧师、学者、数学家。据说迈克尔·斯考特曾把石头变成女巫，他作为魔术师的名声在他之后的时代固定了下来。他出现在但丁的《神曲》中，薄伽丘也提到过他。他还作为魔术师出现在了多部现代小说中。

他总有一些跟所处环境相关的笑话，熟悉程度几乎与家庭内部笑话相当。如果他和裁缝谈话，他会提到关于纽扣的最后一个荒谬之处。如果他和士兵交谈，他就能准确看出最后一节炮架的精致和滑稽。但是，当他所处的环境允许他表现强大的实用主义时，他确实给人一种轻率不定之感、一种无能狂怒之感。这是文学中一种奇怪的特质。这是一种冷酷的口无遮拦，这让他成了自己唯一的敌人。

哲学家

The Philosopher

我想，《恺撒与克利奥佩特拉》标志着萧伯纳财富和名望的飙升。此前，他曾享有荣耀，但从未成功。人们把他看作一种像流星一样光辉但贫瘠的东西，对他感到惊奇，但没有人会接受他是太阳，因为对太阳的考验就是看它是否能使事物生长。实际上，现代戏剧的两个特点是，它应该能演出来，它应该能赚钱。有分量的戏剧评论和严谨的读者报告一次又一次地证明，萧伯纳的戏剧永远演不出来，也赚不到钱；也证明了公众不想要智慧，不想看到智者之战。就在以上两点最终得到证实的时候，萧伯纳的戏剧保证能像《查理的姑妈》[1]那样演出，能像科尔曼芥末[2]那样"钱"途无量。这一事实值得我们所有人欢欣鼓舞，不仅

1　喜剧《查理的姑妈》由布兰登·托马斯（**Brandon Thomas**）创作于 1892 年，讲述了作为查理监护人的巴西姑母在出席一场婚宴时离奇失踪，从而引发的一场乌龙勒索案。

2　"科尔曼芥末"早在 1901 年就开始小有名气，当时探险家罗伯特·斯科特带着一吨科尔曼芥末起航去了南极——这一事件开创了名人代言广告的先河。

因为它挽回了萧伯纳的声誉，也因为它挽回了英国人的品格。它证明了，所有人性中最勇敢的东西，公开的挑战、出乎意料的机智和愤怒的信念，都不像养尊处优的出版商和经理们向我们灌输的那样不受欢迎。不过，正是因为我们说到了萧伯纳职业生涯的转折点，我建议中断他的剧本目录，把他最新的一系列戏剧看作一位公认的先知的宣言。对萧伯纳最新一批戏剧，尤其是《人与超人》，我们在批评之前，必须重新陈述他的立场。

出于两个原因，我不再用"剧作家"这个名字，而是用"哲学家"这个总称来称呼这一系列剧作。第一个原因如上所述，就是我们已经说到了他胜利的时刻，因此可以视作他完全拥有了自己的讲坛。但还有第二个原因：就在这个时候，他不仅开始创建自己的讲坛，而且开始创建自己的教堂和教义。他创建的是一种非常广泛和普遍的宗教，成员只有他一人并不是他的错。更直白地说，就是在这时，在他取得世俗胜利的时刻，过去他心中那个纯粹的否认者，那个纯粹的批评家，已经死去了。在受欢迎的时候，他开始希望他的信仰得到肯定，希望他所有的创造都能得到支持。也许这种情况下具有讽刺意味的是：所有人都在为他欢呼喝彩，但他知道自己在他们眼中只是一个吹毛求疵的跳梁小丑，他认真地凝聚力量，并一脸严肃地告诉自己，是时候宣扬他的信仰了。作为江湖骗子，他最终成功了，而作为神学家，他遭遇了第一次重大失败。

因此，我故意在这里中断他的戏剧生涯，以便考虑以下两个主要问题：第一，现在已经学会欣赏他的大多数英国人，认为他的观点是什么？第二，萧伯纳认为他的观点是什么？或者，如果这句话说得太早了，那么，他想象他的观点将会是什么？在萧伯纳最新的作品中，尤其是在《人与超人》中，他已经成了一个完整而无法忽视的神秘主义者。他的神秘主义确实是从他以往的论点理性发展而来的，但很少有人费心去追查它们之间的联系。为了做到这一点，有必要说明，在萧伯纳第一次成功的时候，公众对他的哲学是什么印象。

现在，关于萧伯纳的三个最流行的说法是错误的，这令人恼火，也很可悲。现代的评论，像所有软弱的东西一样，连篇累牍，冗长不堪。在正常的语言环境下，一个人发现说正确的话很难，但他最后还是说了正确的话。而在新闻王国里，一个人发现说错误的话很容易，因此他就说了错误的话，再也不想想说点别的什么。错误的或无意义的短语就在他嘴边，随时可用，把它们说出来比咽下去更容易。这些因懒惰而产生的错误术语，由于习惯而保留下来，因此这个人几乎还未真正开始思考，就已经想错了。这种笨拙的口舌之争，会伤害那些有精神、有想象力或有智慧的人，让他们难以忍受，而且用来对待萧伯纳也是草率而错误的。新闻界成功给他贴上了三个标签，但这些标签无一例外全是错的。大家会承认，关于他的三种迷信基本是这样的：第一，他喜欢"问题剧"；第二，他是"矛盾的"；第三，他在剧里剧外都是一个"社会主义者"。有趣的是，当我们谈到他的哲学时，所有这三个词语都特别不适用。

首先来说戏剧，人们一般喜欢将他赞成的那种亲密或挑衅类型的戏剧称为"问题剧"。一般来说，严肃的现代剧绝不会是问题剧，因为，除非作者在剧作中平等而迫切地展示两种对立的观点，否则就不会有问题。《哈姆雷特》确实是一部问题剧，因为在它的结尾，人们真的疑惑，作者笔下的哈姆雷特到底是一个伟大的人，还是不算人。在这个意义上，《亨利四世》和《亨利五世》是真正的问题剧，读者或观众真的疑惑，亨利五世的高效率、严政策、英勇和野心，对比他曾经无赖般的同志情谊，到底是不是一种进步；他当贼的时候是不是一个更好的人。这种发自内心的正常的疑惑在莎士比亚身上很常见，我的意思是，疑惑既存在于读者，也存在于作者。但萧伯纳是个十足的清教徒，他不能容忍别人对他认为至关重要的问题产生此类怀疑。《武器与人》中的那位小姐因失去她的理想而变得更好了，没有类似的疑问。布拉斯庞德上尉因放弃他的人生目标而变得更好了，也没有类似的疑问。在两位剧作家都关心的题材中，可以找到更有说服力的例子。萧伯纳创作了《恺撒与克利奥佩特拉》，莎士比亚创作了《安东尼与克利奥佩特拉》和《尤利乌斯·恺撒》。萧伯纳对莎士比亚的版本最反感的是：莎士比亚思想开放，换句话说，莎士比亚确实写了一部问题剧。莎士比亚和萧伯纳一样清楚地认识到，布鲁图斯的确不切实际、能力不足，但他也看到了一个非常明显和实际的事实，那就是这些无能的人确实赢得了人心，影响了人类的政策。而萧伯纳不愿说布鲁图斯什么好话，因为布鲁图斯在政治上站错了边。但对于眼前有关公德和私德的实际问题，正如对布鲁图斯展现的那样[1]，萧伯纳实际上毫不在意。萧伯纳能写出最有活力、最坦率的说教剧，但他写不出问题剧。他做不到把思维分成两部分，让它们独立对话。可以说，他从来没有一分为二地、辩证地看待问题，不过我敢说有许多人愿意替他做这件事。

有些时候，特别是在他后期的戏剧中，他明确的信念甚至破坏了他创作出的令人钦佩的对话，使得一方完全处于弱势地位，就像在福音派小册子中被教导的那方一样。我不知道《芭芭拉少校》里面那个年轻的希腊语教授是否本来就被设定为傻瓜。根据民间传说（我最相信这个传说），这个角色源自我认识的一位真

---

1 恺撒成为终身独裁官，破坏了罗马的共和制，但布鲁图斯家族百年来都是罗马坚定的共和派，此为公德问题。恺撒是布鲁图斯母亲的情人，十分赏识、信任布鲁图斯，此为私德问题。

正的教授，这位教授绝不是个傻瓜，我想这位希腊语教授也不是。但他虽然不是傻瓜，在剧中为回应安德谢夫笨拙的诡辩，他做出的回击却无力得令人难以置信，这让我百思不得其解。这真是一件可耻的事，也几乎是萧伯纳剧作中唯一一次双方没有公平对决的情形。例如，教授提到了怜悯。安德谢夫先生带着夸张的轻蔑说："怜悯！不过是宇宙的拾荒者！"如果有一位绅士对我说了这些话，我就会回答说："就算我允许你用比喻来回避问题，你能先告诉我你是否反对拾荒者吗？"那位倒霉的希腊语教授没有用这明显的反驳，却只回答："那么，爱。"安德谢夫用不必要的难听话回答说，他不会拥有这位希腊语教授的爱。对此明显的回答应当是"如果我选择爱你，见鬼，你要怎么阻止呢？"但据我所知，那个可怜的希腊人什么也没说。我之所以提到这段不公平的对话，是因为我认为，它标志着萧伯纳那段时期变得强硬和坚定，不管是好是坏，他从一个剧作家变成了一个纯粹的哲学家，而变成哲学家的人可能会进一步成为狂热分子。

正如在萧伯纳看来没有什么事情不确定一样，在他看来也没有什么东西是矛盾的。"悖论"这个词的意义确实可以成为争论的主题。当然，在希腊语中，它只是指与公认的观点相反的事物；从这个意义上说，传教士劝诫南太平洋食人族是矛盾的。但在更大众的世界里，词在使用，并在使用中改变，"悖论"这个词至少是指在所用的词中已经足够清楚的某些矛盾或明显的不一致。但并不仅仅如此，最常见的，它指的是以一种口头矛盾的形式所表达的观点。以此推之，例如，伟大的格言"失去生命的人也将拯救他的生命"[1]，就是现代人所说的悖论的一个例子。任何一个有学问的人读到这本书（这似乎是不可思议的），他都可以满足于这样说：现代人在应该说矛盾修辞法的时候，却错误地说成了悖论。总之，不管在什么情况下，我们可能都会同意，我们通常所说的悖论是指表面上的真理和真正的真理之间的某种碰撞。

如果我们所说的悖论是指在矛盾中固有的真理，就像我引用的基督的名言那样，那么一个非常奇怪的事实就是萧伯纳几乎完全没有悖论。而且，他甚至不能理解悖论。更进一步，悖论是这个世界上他唯一不理解的东西。他的所有辉煌的展望和令人吃惊的主张，都来自他把一个明确的原则发扬光大了。他的疯狂都是前后一致的，而非前后不一致。这一点不举例子是很难说明的，让我们举一个例子，以教育为主题。萧伯纳一生都在向成年人宣扬一个深刻的真理：自由和责任是相生相伴的；自由之所以如此容易被剥夺，原因很简单，那就是它令人讨厌。对公民来说，这是事实，尽管不是全部事实。因此，当萧伯纳对待孩子时，他

---

[1] "凡为我丧掉生命的，必得着生命。"（语出《马太福音》）

只能把他已经应用于公民的原则应用于他们。他开始接受赫伯特·斯宾塞的用经验教育孩子的观点，这也许是正经出版物中最愚蠢的观点了。关于这一点，没有必要赘述，人们只需要问一个问题，面对悬崖时如何用经验教育孩子，这个理论就不存在了。而萧伯纳却对该观点做了进一步的发展，不过可以说更荒诞了。他说一个人给孩子讲任何事情的时候，都应该让那个孩子同时听到相反的观点，否则就不应该给孩子讲任何事情。也就是说，当你让汤米不要打他生病的妹妹的太阳穴时，你必须确保有个尼采教授那样的人在场，他会给汤米解释，这种行为可能会消除病人的不适。当你让苏珊不要喝标有"毒药"的瓶子里面的东西时，你必须发电报请一位基督教科学派[1]信徒来，他会坚持认为，未经苏珊本人同意，这瓶毒药对她不会有任何伤害。我无法想象一个按照萧伯纳的原则长大的孩子会怎么样，我猜他会在洗澡时自杀。但这不是问题所在。问题在于，这个主张看起来相当疯狂，相当令人吃惊，因此，如果说这句话的人逃离汉威尔[2]，他就会成为记者、煽动家或公共娱乐界竞相追逐的头面人物。这是一个完美的悖论，如果悖论只意味着让人被吓一跳的话。但从矛盾的意

---

1 基督教新教的一个边缘教派，1879 年创立。该派深信基督教是科学，反对信徒用医药治病，认为通过祈祷坚定对上帝的信念，疾病就会痊愈。
2 地名，位于伦敦西北部的伊林区。

义上说，它根本不是一个悖论。这不是一种矛盾，而是一种强大的、令人无法容忍的一致性，是自由思想的一个原则达到了任何其他理智的人都不愿意达到的地步。萧伯纳真正不理解的是童年无法避免的悖论。虽然这孩子比我好得多，但我必须教他。虽然这个人拥有比我更纯粹的激情，但我必须控制他。虽然汤米冲向悬崖是他的自由选择，是正确的，但他如果这么做一定会被罚站墙角。上述这类情况是与孩子有关的唯一可能的矛盾，任何谈论孩子而察觉不到这种矛盾的人，就像没见过人鱼而谈论人鱼一样。但思维纯朴的萧伯纳看不到这个悖论；他看不到，因为这是个悖论。他唯一会在理智上感到兴奋的事，就是把一种思想带到世界上尽可能多的地方。他从没想过他的思想会碰到别的思想，就像《马丁·瞿述伟》[1]里的三股风一样，这些思想之间会碰撞出精彩的火花。他身上唯一的悖论就是，他总是把真理之线扯得越来越长，扯到奇妙但没用的地方去。他没有考虑到那种更深层次的悖论，即两条对立的真理之线纠缠在一个无法解开的结中。他更认识不到，往往正是这个结把整个人类的生活安全地系在一起。

悖论处处可见，而萧伯纳却视而不见，这限制了他的眼界。

1　查尔斯·狄更斯的名著。

他理解不了婚姻，因为他不会理解婚姻的悖论，即妻子不是房子的主人，但因此她更像房子的主人。他理解不了爱国主义，因为他不会理解爱国主义的悖论，即一个人不只是热爱人类，但因此他更是一个活生生的人。他不理解基督教，因为他不会理解基督教的悖论，即只有当我们知道其中一个奇迹是真实的，我们才能真正理解所有的神话。我并没有因为他这种反悖论的脾性而低估他，相反我承认，如果不是这种脾性，他在知识净化方面的许多最优秀、最犀利的工作将是困难的，甚至是不可能的。但我要说的是，这种清醒而令人信服的头脑有其局限性，他不能完全理解生活，因为他不会接受生活中的矛盾。

称萧伯纳为社会主义者算不上是对他的任何描述，到目前为止，这个词的含义已经被扩展延伸，其中包括了道德态度。他是所有社会主义者中最不像社会主义者的，我对这个试图管理他的社会主义团体表示同情。他提出的无政府主义不是为他自己着想，每个体面的人都会为自己着想，为他人着想就相当不谦虚了。但他提出的无政府主义也不是什么本能的放纵或利己主义。我已经说过，他是一个公共良心特别强的人。他身上难以驾驭的那部分，以及他无法被接受为群众的一员，也不能真正无形地推动一场运动的这一事实，与他身上的另一种特质有关，或者更确切地说与他身上不具备的另一种特质有关。

萧伯纳这种聪明才智的最大缺陷是，他不能领会和欣赏一般被称作习俗（convention）和传统（tradition）的东西，但它们是所有人类要生存下来就必须经常食用的"食物"。当然，现代很少有人知道它们是什么。"习俗"[1]几乎等同于"民主"（democracy），在历史上，它一次又一次地被用作"议会"（Parliament）的替代词。"传统"这个词非但没有暗示什么陈腐或清醒的东西，反而传达出一种骚动，令人想到人的聚集，每一个民众都是一个"传统"。在次要意义上，这个词指的是一群人的共同灵魂，指的是对叛徒的本能的愤怒，或者对国旗的本能的致敬。传统可能是残酷的，可能是不妥的，甚至可能是非常迷信或淫秽的，但它们绝不是死的。它们总是充满了累积的情感，是许多代人积累起来的充满激情的经验，而他们对此无法清楚解释。置身于任何真正的传统，就像中国人敬重父母或欧洲人尊重孩子，都是被某些东西包围着。不管这些东西是什么，它们都不是沉闷、没有生气或者机械的，而是紧张的、充满活力的，是敏感到几乎疯狂的，是生气勃勃到具有杀伤力的。萧伯纳总是犯这样一个巨大的错误（这是他所受的那种糟糕的进步主义教育造成

1　convention 兼有习俗、惯例和大会、公约的意思。此处作者使用的是首字母大写的"Convention"。

的），那就是把传统当成死的东西来对待，他把传统当成一个物理环境，就像人行道或雨一样。但传统是意志的结果，如果非要认为它是雨或者道路，那也是祝福之雨，是善意之路。请记住，我并不是在讨论人们应该在多大程度上接受传统，我是在说像萧伯纳这样的人根本不会考虑接受传统。如果萧伯纳在早年就发现自己与《布拉德肖铁路指南》甚至《大英百科全书》相矛盾，他至少会觉得自己可能是错的。但如果他发现父母的观点与他矛盾，他更可能认为他是对的。如果最新的晚报与他观点对立，他还可能愿意花点时间去调查或解释。而两千年来的人类传统与他相矛盾，他却丝毫都没有感到不安。马克思不在他身边这一点很重要。马克思没和他在一起是一个无关紧要的老掉牙的笑话了。关于萧伯纳的悖论，人们谈得太多了。也许他唯一的悖论就是这个几乎无意识的悖论，那就是他倾向于认为，因为某种东西满足了一代又一代的人，那它一定是不对的。

关于一个人在早年和在还很单纯的时候学到的几乎所有的事情，萧伯纳的看法都是错误的。大多数人的行为都以心理学的某些事实为基础，而这些事实必然与人生的其他部分有所关联。例如，每个人都会恋爱，但没有人会完全接受〔无婚约的〕自由性爱。当一个人陷入这种状态时，他会称之为欲望，即使他对外吹嘘，他内心也总会感到羞耻。这是因为爱情和誓言之间存在某种联系，几乎每个人在十八岁前就都知道这一点了。而在性愉悦和爱情誓言这种近乎自杀的忠贞之间，存在着一种牢固而本能的联系，我认为这是人的第一个心理学事实，小孩子们几乎在学会说话之前就知道这一点了。这个心理学事实在多大程度上可以被信任，如何最好地处理，所有这些都是另一回事。但与其说恋人们追求的是幸福，不如说是忠贞不渝；如果你在某种意义上准备满足恋人们的愿望，那么他们的愿望，毫无疑问，就是至死不渝的誓言。恋人也许是疯子，恋人可能像孩子，恋人可能不适合成为公民，也不在乎他人的非议；如果你愿意，你也可以成为恋人那样。但恋人不仅渴望爱情，他们还渴望婚姻。法律上一夫一妻制的根源并不（如萧伯纳和他的朋友们总是令人沮丧地断言的那样）在于男人是暴君，女人是奴隶，根源在于如果恋人之间的爱是最高尚、最自由的，那么这种爱只能通过双方都成为彼此的奴隶这一点体现出来。我只是在这里提到这个问题，不做讨论，我们大多数人都不需要被教导这一点，因为这是人生的第一课。在结婚以后的几年里，我们可能会制定我们喜欢的性准则或妥协；但我们都知道，在性爱中，忠贞、嫉妒和个人誓言是自然的、不可避免的；这些事物无论是出现在谋杀案中还是出现在情人节礼物上，我们都不会感到惊讶。我们可能在早婚中看到智慧，也可能看不到，但我们很清楚，无论何地感情都是真诚的，早恋就意味着早婚。但是萧伯纳并没有从世界上任何一个国家的乡村歌谣中学到这一关于两性的悲剧。他不知道，世界上所有的民间传说都有一个普遍的常识，那就是人们一时半会儿是想不明白爱情的，除非是一夫一妻制。古老的英国民谣从不歌颂"恋人"（lovers），他们总是歌颂"真正的爱人"（true lovers），这就是这个问题的终极哲学。

萧伯纳拒绝理解对土地的爱——无论是以爱国主义还是以私有制的形式——也是同样的道理。这是一个隔绝于爱尔兰土地的爱尔兰人的态度，他保留了这一民族的无畏甚至愤世嫉俗，但不再从其悲怆或经历的根源中得到滋养。

这种对传统更广泛、更亲切的诠释，一定要特别将其应用于戏剧传统，因为戏剧必然是所有艺术形式中最民主的。我们会发现，一般来说，大多数戏剧传统都是建立在真正的艺术基础上的。例如，希腊三一律并不适合作为塞内加或加布里埃尔·哈维[1]细致而又琐碎的模仿对象，对于麦考莱这样同样平凡而又粗俗得多的急性子的人来说，它们更不是合适的对象。一个故事，如果

1　加布里埃尔·哈维（Gabriel Harvey），剑桥大学的修辞学家，诗人埃德蒙·斯宾塞（Edmund Spenser）的友人。哈维被一些同时代的人认为是一个爱争论的、恶毒的学究，但他仍然是一个有才华的学者和文学作家。他发表的为数不多的著作包括两篇关于修辞学的演讲、挽歌和其他拉丁文诗句，以及几封他和斯宾塞之间风格优雅的信件。

可能的话，应该讲述一个地方、一天、几个角色，是完全植根于审美本能的原则。如果古典戏剧是这样的话，那么浪漫主义戏剧就更是如此，它反对的某种腐朽的庄重也正是萧伯纳主要在反抗的。特别有一点，易卜生派声称他们已经对浪漫主义传统进行了改革，这一点值得特别提及。

萧伯纳和所有其他易卜生派都坚持认为，浪漫主义戏剧的一个缺陷就是它倾向于以婚礼钟声作为结束。为了反对这一点，他们创作了现代中年戏剧，这类戏剧描述的是婚姻本身，而不是它充满诗意的开始。如果萧伯纳对大众传统更有耐心，更认可它存在的意义，他可能会更清楚地看待这个特殊的问题。老剧作家们给我们留下了很多关于婚姻和中年的戏剧。《奥赛罗》和《玩偶之家》一样，都是关于婚礼钟声之后的故事。《麦克白》和《小艾尔夫》一样，都是关于一对中年夫妇的故事。但如果要问这之间的真正差异，我认为，我们就会发现可以这样说：旧时的婚姻悲剧，虽然不是爱情故事，但就像现代剧作家笔下的爱情故事一样，它们逐渐演变得不可挽回，就像婚姻不可挽回一样，结局要么爱情死亡，要么爱人通奸。

现在来看，从中年和静态的意义上，我们的先辈不把婚姻作为戏剧主题的原因很简单，那就是，戏剧不是讨论这个话题的好地方。你不可能轻易地以婚姻的成功或失败为主题写出一部好剧，就像你不可能以一棵橡树的生长或一个帝国的衰落为主题写出一部好剧一样。正如波洛涅斯[1]非常合理地观察到的那样，婚姻太长了。一段幸福的爱情会衍生出一部戏，因为它是戏剧性的，它取决于最终的"愿意"或"不愿意"。但幸福的婚姻并不是戏剧性的，如果是的话，也许就不那么幸福了。一个浪漫女主角的核心是，她会问自己一个决定性的问题；但一个明智妻子的核心是，她太明智了，根本不会问自己任何问题。将一夫一妻制推向成功的所有事情，本质上都是平淡无奇的，比如一种本能信任的无声增长，共同的创伤和胜利，习俗的延续，丰富成熟的老笑话。理智的婚姻是非戏剧性的，因此，大多数现代剧作家投笔于不理智的婚姻也就不足为奇了。

总而言之，在触及萧伯纳最终信奉的哲学之前，我们必须放弃两个想法：一是我们已经了解他的哲学；二是认为他的哲学就是那三个新闻词汇。萧伯纳不希望增加问题剧甚至问题的数量。他的怀疑主义是他那个时代的不幸，但是他具有这种高贵和勇敢的品格，即他不是来问问题的，而是来回答问题的。他不是一个悖论贩子，而是一个疯狂的逻辑学家，他太简单了，甚至称不上是诡辩家。他理解生活中的一切，除了它的悖论，尤其是终极悖

---

1 莎士比亚剧作《哈姆雷特》中女主人公奥菲利亚的父亲。

论，即我们无法理解的事情正是我们不得不视为理所当然的事情。最后，他不太擅长交际，也不是集体主义者。相反，他不喜欢集体，尽管他能欣赏每个个体。他对人类集体存在的两种形式都没有好感，不管是以短暂形式存在的民众，还是以持久形式存在的传统。

从萧伯纳早期的散文和戏剧中可以找到的一般宇宙理论，可以用叔本华倒立的形象来表达。我很乐意承认叔本华倒立的姿势看起来比他原本的姿势好得多，但我很难想象他会感到更舒服。这就是变化的实质，明明看起来更好，但就是不舒服。粗略地说，叔本华认为生命是非理性的。如果理智是公正的，它会让我们终止〔生命〕；但是，一种盲目的偏爱、一种与思想截然不同的本能，驱使我们铤而走险，去赌一张实质上会让你破产的彩票。萧伯纳似乎接受了这种对理性前景的悲观估计，但他又加了一条颇有吸引力的评论。叔本华说过："生命是非理性的，对所有生物来说都是如此，这就更糟糕了。"萧伯纳说："生命是非理性的，考虑到其原因，这就更糟糕了。"生命是更高的召唤，我们必须追随。也许理性本身存在着某种未知的谬误。也许人根本不能进入自己的头脑，就像他不能跳进自己的喉咙。但是人们需要生存，需要受苦，需要创造一种可以被真正称为超自然的必要品质。这种超自然的声音可以说是权威性的，而不是像书记员那样

〔不带感情色彩〕。

这是萧伯纳最初的信条中最重要也最完美的一条：如果理性说生命是非理性的，那么生命一定很乐意回应说，理性是没有生命的，而生命是最重要的，如果理性妨碍它，那么理性就必须被践踏在最可鄙的迷信的泥潭里。一般来说，认为萧伯纳希望人仅仅是动物是特别荒谬的，因为动物总是与欲望或无节制联系在一起；而萧伯纳的理想是严格的、洁净的，甚至可以说是老处女式的。但是在某种神秘的意义上，人们可以毫不夸张地说，萧伯纳希望人成为动物。意思是说，他希望人始终都抓住生命，抓住活泼的精神气，抓住人、鸟和植物所共有的东西。人应该有野兽那样的盲目信仰：他应该像牛一样莫名地不可动摇，像鱼一样对诡辩充耳不闻。萧伯纳不希望人成为哲学家或艺术家，他甚至不希望人成为一个人，就像他希望人成为动物一样。人必须坚定地追随生命的旗帜，就像所有其他生物追随本能一样。

但这种萧伯纳式的对生命的礼赞毫无生气，它与我们通常所说的乐观主义的更勇敢或更卑劣的形式都没有共同之处。它既没有沃尔特·惠特曼[1]那种无所不爱的狂喜，也没有雪莱那种坚定的

---

1 沃尔特·惠特曼（Walt Whitman），美国著名诗人、人文主义者，创造了诗歌的自由体（Free Verse），其代表作品是诗集《草叶集》（*Leaves of Grass*）。

泛神论。萧伯纳希望自己表现出的不是一个乐观主义者，而是一个忠实的、满足的悲观主义者。这一矛盾几乎是他所有早期的较明显的矛盾的关键，也是许多持续到最后的矛盾的关键。惠特曼和许多现代理想主义者都说过要把责任也当成一种快乐；而在我看来，萧伯纳甚至把快乐当成了一种责任。他似乎以一种奇怪的方式，将存在视为一种幻觉，但同时也视为一种义务。他认为对每一个男人和女人、鸟、兽、花来说，生命都是爱的呼唤，需要热切地追随。对萧伯纳来说，这只不过是一个必须服从的军号。简而言之，他没有感觉到自然（如果必须使用"自然"的拟人化寓言，而不是哲学术语"上帝"）的命令既可以服从，也可以享受。他描绘了生命最黑暗的样子，然后让未出生的婴儿在黑暗中大胆前行。这是一种英雄主义；我的直觉告诉我，叔本华在他这个学生旁边看起来就像个侏儒，甚至还不如。但这种英雄主义适用于一个病态的、几乎窒息了的时代。许多诗人赞美过的这个世界，竟一度被萧伯纳描绘成一个我们只要有男子气概就可以跳进去的陷阱，想想真叫人害怕。想想从古至今，人们一直谈论着要有死的勇气，然后记起，我们实际上已经堕落到谈论要有活着的勇气。

正是这种怪异，或者说进退两难的局面，可以说在他后来更有建树的时期，在他那部巅峰之作中达到了顶峰。在这一时期，他确实试图，无论成功与否，描绘他的终极愿景。我是指那部名为《人与超人》的戏剧。在近距离接触这部戏剧时，我们必须牢牢记住前文得出的结论：萧伯纳追随生命的旗帜，但他是严肃地追随，而不是快乐地。对他来说，自然有权威，但没有魅力。但在我们正式接触之前，有必要谈谈促成这部戏剧的三件事。首先，有必要谈谈他过去的批判及现实主义方法留下了什么；然后，有必要谈谈导致他最后也是最重要的观点转变的两个重要影响。

首先，由于我们各个时代的精神是有重叠的，而且人们常常一边做着旧工作，一边思考着新工作，所以我们可以先看一下他的最后两部纯粹的世俗批判剧——《芭芭拉少校》和《英国佬的另一个岛》。《芭芭拉少校》确实含有强烈的宗教元素，但说到底，整部戏剧的重点正是宗教元素被打败了。[1]此外，剧中对宗教的实际表达，作为宗教的表达方式——乃至作为理性的表达方式——多少有些不尽如人意。我必须坦率地说，在我看来，萧伯

1　主人公芭芭拉是个虔诚的基督教徒，救世军中的少校。她的理想就是在救世军中拯救穷人的灵魂。由于经费短缺，芭芭拉所在的救世军收容所面临困难。芭芭拉的父亲安德谢夫是军火商，他出于个人目的，在参观收容所时捐出 5000 英镑。芭芭拉起初希望他们不接受父亲的金钱。后来芭芭拉在别人的劝说下，还是要了这笔钱。人们感谢安德谢夫的善行。芭芭拉的幻想破灭，她最终屈服，相信是"威士忌大王"和军火商救活了穷人。

纳在使用"上帝"这个词时，不仅完全不知道它的意思，而且连想都没想过它可能意味着什么。他对某位无神论者说："永远不要相信一个你无法改进的神。"那位无神论者（是一个不错的神学家）很自然地回答说，人们不应该相信一个可以改进的上帝，因为这表明它不是上帝。在《芭芭拉少校》中，女主人公在结尾以同样的风格，暗示她将不带私人期望地侍奉上帝，这样她就不欠上帝任何东西，而上帝欠她一切。她似乎没有醒悟到，如果上帝将一切都归功于她[1]，他就不是上帝了。这些事情对我而言，只不过是对一个短语进行乏味的曲解。这就好像你说："我若不生他，就没有父亲。"

但是《芭芭拉少校》真正的观点和主旨是更实际、更切中要害的。它表达的不是新的精神，而是萧伯纳的旧唯物主义。几乎萧伯纳的每一部戏剧都是一句经过扩展的隽语。但这句隽语并没有像大多数人的隽语那样被扩展成一百句司空见惯的话，相反，它被扩展成了上百个别的隽语。这部作品在细节和构思设计上一样出色，但通常可以发现能代表戏剧主旨和目的的初始、关键的隽语。即使在上百万个精彩得令人眼花缭乱的笑话中，通

1　"上帝欠她一切"和"上帝将一切都归功于她"的英文都是"God owes everything to her"，此处作者采用了双关语。

常也可能发现那些肃穆、庄严、神圣的笑话，戏剧本身就是为它们而写的。

《芭芭拉少校》的终极隽语可以这样说：人们都说贫穷无罪，但萧伯纳要说贫穷就是犯罪，容忍贫穷是一种罪，满足于贫穷也是一种罪，它是一切暴行、腐化和恐惧的罪恶根源。如果有人对萧伯纳说，他出身贫穷，但父母正直，那么萧伯纳会告诉他，"但"这个词就说明他的父母很可能不正直。简而言之，他在这部剧里坚持了他一直以来坚持的观点：在这个时候，人们需要的不是更深沉的爱国主义、更丰富的艺术形式、更虔诚的宗教信仰、更高尚的道德或更完善的社会学，而仅仅是更多的钱。邪恶的不是无知、堕落、罪行或悲观，而是贫穷。这部特别的戏剧的重点是，即使是当上了救世军[1]军官的女孩，她的最高尚的热情，在她的现代资本家父亲野蛮的金钱权力面前也是螳臂当车。当我说完这句话的时候，我们就会明白，为什么这部精彩而充满苦涩的真诚的戏剧，必须以某种方式被清理掉，然后我们才会谈到萧伯纳最后的、严肃的信仰。他坚信人类的意志是神圣的，他坚信人类创造和选择的神圣能力会打败环境和厄运；但到目前的分析

---

1 救世军是一个于 1865 年成立，以军队形式作为架构，并以基督教作为信仰基本的国际性宗教及慈善公益组织，以街头布道、慈善活动和社会服务著称。

为止，《芭芭拉少校》不仅与他的信仰相去甚远，甚至背道而驰。《芭芭拉少校》讲述了环境战胜英雄意志的故事。关于《芭芭拉少校》的道德问题，我有一千种答案可以提供。我不妨指出，富人买的不是诚实，而是掩盖不诚实的帘子；买的不是健康，而是安抚疾病的垫子。我还想说的是，贫穷让穷人处境愈加恶化的理论，更有可能被用来作为贫穷让穷人无力回天的论据，而不是作为贫穷催使穷人变富的论据。不过也没必要为《芭芭拉少校》的唯物悲观主义寻找这样的答案。对于这个问题，最好的答案就在萧伯纳自己最好的、至高无上的哲学中，我们很快就会讲到这一点。

《英国佬的另一个岛》代表了一种现实主义，在某种程度上带有作者后来的超验主义色彩。当然，从某种意义上说，这部戏剧是对传统英国人的讽刺，当他们看到爱尔兰人的愚蠢和敏感时，他们自己才是最愚蠢、最敏感的。布罗德本特头脑糊涂不清，一说起道德倒是头头是道，他坚信自己给爱尔兰人带来了理性和秩序，而事实上，爱尔兰人都对他的这种幻觉报以微笑，就像对许多魔鬼一样，持批判的超然态度。许多戏剧都描绘了身处一群盎格鲁–撒克逊人中的那个荒诞的爱尔兰人，而这部剧的第一目的，则是描绘身处一群爱尔兰人中的那个荒诞的盎格鲁–撒克逊人。但这部剧还精心设计了另一个更微妙的目的，即归根到底，这个荒谬的英国人有一种创造力，这种创造力来自他的简单和乐观，来自他坚定的决心，宁愿好好生活而不是抱怨生活。布罗德本特吹嘘自己有着丰富的常识，而他敏感的爱尔兰朋友却告诉他，他，布罗德本特，没有常识，只有灵感，这让他迷惑不解；这是我所知道的最精彩的对话人互不理解的哲学对话。那个爱尔兰朋友承认，即使在布罗德本特非常愚蠢的行为中，也存在着某种无意识的精神力量。罗斯伯里[1]伯爵创造了一个很有意思的新词，"务实的神秘主义者"，用这个词来形容布罗德本特，最恰当不过。萧伯纳在该剧中坚持认为，所有务实的人都是务实的神秘主义者。他还坚持认为，在所有务实的神秘主义者中，最务实的那个就是傻瓜。

该剧中关于企业和商人的争论与通常相反，而且这种反转有一些令人意想不到又引人入胜的地方；剧中的理论认为，成功不是由智力创造的，而是由某种半智半傻但不可思议的本能创造的。显然，对萧伯纳来说，林立的工厂和金山银山不是人类的智

---

1 阿奇博尔德·菲利普·普里姆罗斯，第五代罗斯伯里伯爵（Archibald Philip Primrose, 5th Earl of Rosebery），英国政治家。1868年承袭其祖父的伯爵爵位，进入上议院，为自由党议员。1894—1895年任英国首相。他鼓吹发动侵略南非的战争，也反对《爱尔兰自治法案》。著有《威廉·皮特传》《拿破仑的最后阶段》《伦道夫·丘吉尔勋爵》《查塔姆的早年生活及其亲友》和《文学和史学杂谈》等。

慧创造的，甚至不是人类的狡猾创造的；它们反而体现了一条神圣的格言，即上帝选择了世上愚蠢的事物来迷惑智者。他认为，是简单，甚至是纯真造就了曼彻斯特。作为一种哲学幻想，这很有趣，甚至具有启发性；但必须承认，作为对英国与爱尔兰关系的批评，这种观点可能会在历史方面遭到强烈反对。《英国佬的另一个岛》的一个弱点在于，它指出布罗德本特在爱尔兰取得了成功，但事实上，布罗德本特在爱尔兰并没有成功。如果"得偿所愿"就是务实的神秘主义者具有的神秘力量的所在，那么爱尔兰农民肯定比英国商人厉害得多；因为尽管商人们竭尽全力，这片土地仍然是农民的土地。即便将英国人的实用主义吹捧为一条普世真理，也无法打败这样一个事实：我们在跟一个明显与我们不同的白人民族打交道时失败了。面对爱尔兰人，布罗德本特的常识未获得认可，他的善良也一样无功而返，因为他面对的是一个欲望和理想与他完全不同的民族。他不像爱尔兰人那样热衷于占有一小块土地，也无法与那些可悲的基督教美德产生共情。事实上，布罗德本特的善良失效的原因和萧伯纳无与伦比的善良失效的原因一样。两种民族的根是不同的，布罗德本特的善良就像是只把两棵树的树冠绑在一起。简而言之，《英国佬的另一个岛》的哲学是相当有效、令人满意的，除了一个不可救药的缺点：英国佬的另一个岛根本不是英国佬的。

以上对他最后几部批判性戏剧的整理，我们可以将之归类到通向《人与超人》的三个事实中的第一个。这三个事实中的第二个，我认为，可以从萧伯纳对尼采的挖掘分析中找到。这位雄辩的诡辩家对萧伯纳和他的追随者产生了巨大的影响，这需要另撰一本书来充分研究。尼采是波兰人，可能也是波兰贵族；说他是波兰贵族，就等于说他是一个脆弱、挑剔、毫无用处的无政府主义者。他有绝妙的诗情画意，他是现代世界最好的修辞学家之一。他有一种非凡的本领，能说一些极其荒谬的话来暂时掌控理性。例如，"不能永生，你的人生便不可忍受；但为何你的人生就不能不可忍受呢？"他的整个作品都充满了他身体上的痛苦和灼热——他的身体状况非常糟糕；刚步入中年，他那聪明的大脑就陷入了无力和黑暗之中。他的教导中最真实的是这句话：如果一个人骑在马上看起来很好，那么告诉他骑驴会更省钱，骑三轮车会更人道是无关紧要的。换句话说，严格意义上，只有获得尊严、美貌或成就才能被称为一件好事。我不知道尼采是否用过这个解释，但在我看来，尼采的所有观点都可以用一个词来表达：勇敢。勇敢意味着价值，勇气本身就是好的，是一种终极美德，勇敢本身是有效的。尼采坚持自己只是参与了新教的跷跷板游戏，这是北欧自16世纪以来的娱乐项目。尼采认为他在反抗古代道德，事实上他只是在反抗近代道德，反抗功利主义者和唯物主义者不成熟的厚颜无耻。他认为自己是在反抗基督教，奇怪的是，他反抗的只是基督教的特殊敌人——赫伯特·斯宾塞和爱德华·葛劳德[1]先生。而历史上的基督教一直相信教会武装首领圣米迦勒[2]的英勇，相信终极的、绝对的快乐，不是间接的或功利的，而是精神的陶醉，就像饮了掺有上帝之血的酒。

尼采的确有一些学说与基督教不相符，但一个有趣的巧合是，它们也不正确。他对怜悯的憎恨与基督教不相符，但那不是他的学说，而是他的疾病。不健全者常常对同类很苛刻。他还有另一种学说与基督教不相符，而且（出于同样可笑的巧合）也不是常识；最可悲的是，正是这一学说引起了萧伯纳的注意，并俘获了他。萧伯纳丝毫没有受到尼采对仁慈的病态攻击的影响。要使萧伯纳变成一个慷慨大方而又富有同情心的人，需要成千上万名疯狂的波兰教授。但让人烦恼的是，吸引他的那条尼采学说，并不是关于人性及其矫正的。如果尼采教萧伯纳拔剑、喝酒，甚至跳舞，那么他也许真的做了一些好事。但是，他只是把一种新的迷信成功地灌输到了萧伯纳的脑子里，这种迷信很可能是黑暗时代的主要迷信，而黑暗时代可能就在我们面前——我指的是所

1　与本书作者同时期的英国文学家，著有《比较文字学概论》等。

2　《圣经》中提到的天使名字，神所指定的伊甸园守护者，也是唯一提到的具有天使长头衔的灵体。米迦勒这个名字的意思是"与神相似"。

谓对"超人"的迷信。

尼采曾说过的最不具有说服力的话之一是，就像猿猴最终进化成了人一样，我们最终也应该进化成比人更高级的形态。当然，直接的答案是非常明显的：猿猴不因人类而担忧，那么我们为什么要因为超人而担忧呢？如果超人将通过自然选择出现，也许我们就顺其自然？如果超人将通过人类的选择而来，那么我们应该选择什么样的超人呢？如果琐罗亚斯德只是想更公正、更勇敢、更仁慈，那么他就沦为主日学校的教师了，同时我们唯一能做的就是更公正、更勇敢、更仁慈；这是明智的建议，但并不令人吃惊。如果他不是这样的人，我们为什么要渴望他，或者我们还要渴望其他的什么？这些问题已经被尼采学派问过很多次了，但他们当中没有一个试图回答过。

我认为，如果不是当时的另一重要事件帮助尼采构建起超人哲学，以萧伯纳的敏锐才智，他肯定会看穿这套谬论和空话。这就是我称之为通向《人与超人》的阶梯的第三件事，它非常重要。这无异于萧伯纳充满信心的整个事业赖以发展的三根智力支柱之一垮掉了。在本书的开头，我已经描述了萧伯纳的三大终极根基：他是爱尔兰人、清教徒和进步派。这三大因素是先知坐在上面发出神谕的三脚凳的三条腿，但其中一条坏了。就在这个时候，突然间，仅仅由于一束光，萧伯纳完全不再相信进步了。

人们通常认为，萧伯纳的这种变化是由于他读了柏拉图。这位哲学家完全有资格让萧伯纳第一次感受古代文明的震撼——后者一直本能地认为文明是现代的。这不仅是由于柏拉图笔下的雅典人思想大胆而壮丽，生活生动而有趣，也由于古希腊人和现代爱尔兰人的性格有某种相似之处。萧伯纳与柏拉图有很多相似之处——他天生爱发脾气，勇敢地追求理想，他信奉公民理想主义；还有，如果必须承认的话，那就是他厌恶诗人，他具有一种微妙的非人性。但是，无论是什么影响导致了萧伯纳的变化，这种变化都具有戏剧般的突然性和完整性——伟大人物的转变都是如此。在萧伯纳的所有早期著作中，他不仅始终暗示着人类在不断进步，而且几乎所有的事情都以这一事实为基础。在比较16世纪和19世纪的剧作家时，萧伯纳似乎不止一次地争辩说，后者有明显的优势，仅仅因为他们是19世纪的而不是16世纪的。当有人指责萧伯纳对伊丽莎白时代最伟大的人物无礼时，他曾说："莎士比亚比我高得多，但我是站在他肩膀上的。"这句隽语以其独特的简洁总结了他这一学说。但是萧伯纳砰的一声从莎士比亚的肩膀上掉了下来：这一关于萧伯纳站在莎士比亚肩膀上的时间理论，逻辑上涉及莎士比亚站在柏拉图肩膀上的推定。萧伯纳发现在他看来柏拉图要比莎士比亚先进得多，于是他没有办法，只能说他们三个人都一样。

人类平等这一理念的部分失败很大程度上是由于这样一个事实，即现代国家中没有任何一方衷心地相信它。保守派和激进派都认为有一类人在本质上优于整个人类。唯一的区别是保守派所指的优势是位置上的优势，而激进派所指的优势则是时间上的优势。人们之所以反对萧伯纳站在莎士比亚肩上这种说法，主要是出于对莎士比亚的个人情感和人格尊严的考虑。反对任何人站在别人肩膀上的观点，是一个民主的观点。拒绝屈服于一个仅凭出生就统治世界的人是永恒的人性。以世纪权统治就是以出生权统治。萧伯纳在遥远的雅典找到了他最近的亲戚，在历史上与他最像的最遥远的敌人，他开始看到人类的平均水平和超高水平。如果进步总是在这两个极端之间来来回回，那就根本不是进步。这一悖论很尖锐，但不可否认；如果生活有这样连续不断的起伏，那么它就是在整个平面上。萧伯纳以他特有的真诚和爱激动的性格，一看到这一点，就迫不及待把它说了出来。他不顾先前的种种声明，一再强调人类根本没有进步，说山洞里百分之九十九的人和郊区别墅里百分之九十九的人是一样的。

他仓促地发表文章，坦率地承认他以前的理论是错误的，这可以说是他的性格使然。由于他的性格，他又仓促地提出了另一种理论，这一理论和旧理论一样明确，而他对此一样充满信心，即如果非要这么说，他认为也和旧理论一样绝对可靠。他提出，迄今为止，进步从未发生过，因为它完全是通过教育来寻求的。教育是垃圾。"真有意思，"他说，"想通过教育培养出灰猎犬或赛马！"未来的人不能是教育（taught）出来的，他必须是培育（bred）出来的。经常有人提出这种用养猪场的方法培育出更优秀的人的想法，虽然它的困难一直没有得到解决。我指的是它的实际困难；对于任何适合被称为人类的动物来说，这件事在道德上的困难，或者更确切地说是不可能性，几乎不必讨论。但即使是作为一个计划，人们也从未把它弄清楚过。第一个也是最明显的反对意见当然是：如果你要像养猪一样养人，你会需要一个比人更聪明的监督者，就像人比猪更聪明一样，而这样的人可不容易找到。

　　然而，正是在这三件事——他毁灭性的现实主义的衰落，尼采的超人哲学，以及对人类进步教育的放弃——的热度下，他尝试写出了未必是他最好的，但肯定是他最重要的作品。最好和最重要这两件事绝不一样，比如弥尔顿最重要的作品是《失乐园》，但他最好的作品是《利西达斯》[1]。而萧伯纳，他的论点在其他地

1　《利西达斯》（*Lycidas*），也译为《黎西达斯》。诗的题目源自维吉尔的《田园诗》中一个牧羊人的名字。《利西达斯》是一首田园挽歌，纪念一年前在爱尔兰海的一次海难中不幸去世的爱德华·金，他是弥尔顿在剑桥时的同学。同时弥尔顿这首诗还抨击了腐败的教士阶层。

方比在《人与超人》[1]中更引人入胜，他的智慧在其他地方也比在《人与超人》中更令人惊叹；总之他还创作了其他更出色的戏剧。不过，我敢肯定，他没有想要写出比这更精彩的戏剧。我不能说他在这件事上比在别的事情上更严肃，因为"严肃"（serious）这个词有双重含义，是字典里的叛徒。它有时意味着庄重，有时意味着真诚，但只需一段对私人生活和公共生活的短暂体验就足以证明，最庄重的人通常是最不真诚的。同样，只需稍微加以一点细致的考虑就能发现，最真诚的人一般都不庄重，这样的人中就有萧伯纳。但是，如果我们用"严肃"（grave）这个词的古拉丁语含义——它的意思是沉重的、有效的、充实的——来表示"严肃"（serious）这个词，那么我们可以毫不犹豫地说，这是一个活着的最严肃的人的最严肃的作品。

我想，大家现在已经很熟悉这部戏的梗概了。它主要有两个哲学动机。第一，萧伯纳所谓的生命力（过去异教徒称之为"自

1　萧伯纳根据欧洲流传已久的唐璜传说，描写了青年男女坦纳与安妮的爱情故事。坦纳是安妮的监护人之一，思想激进，机智善辩，专门写了本《革命者手册》。安妮有意追求他，他发觉后逃到了西班牙，但安妮跟着到来，最后坦纳不得不屈服在安妮代表的"生命力"之下。剧中又以梦境的形式，安插了完全可以独立的一场戏——"唐璜在地狱"，让剧中人物就进步、进化、生命力等题目展开论辩，使全剧增加了理念剧的成分，集中体现了萧伯纳的"创造进化论"思想。

然"，这似乎是一个更文雅的词，反正谁也不知道这两个词的意思）最渴望的是缔结合适的婚姻，产生一个更纯洁、更杰出的种族，甚至最终产生一个超人。第二，女人比男人更能意识到种族婚姻所产生的效果。简而言之，女人在男人求婚之前很久就已经做好决定了。因此，在这部戏中，女人成了追求者，男人成了被追求者。我认为，不可否认的是，在这个问题上，萧伯纳的障碍在于他一贯的冷酷无情，在于他对自己所写的浪漫爱情缺乏同情，甚至某种程度上在于他自己的正直和良心。无论是男人猎捕女人，还是女人猎捕男人，那至少应该是一场精彩的异教的猎捕。但萧伯纳不是个运动健将，他也不是异教徒，而是清教徒。他无法做到异教的公正性，这种公正性使得狄安娜向恩底弥翁求婚时[1]，丝毫没有想到自己的缺点。结果是，萧伯纳在把安妮（嫁给了男主角）塑造成一个真正强大而有说服力的女人的同时，只能把她塑造成一个令人非常反感的女人。她是个撒谎精，还是个霸凌者，而且没有原因来开脱，比如遭遇了突如其来的恐惧或痛

1　古希腊神话故事。恩底弥翁是位俊美的青年牧羊人，在小亚细亚的拉特莫斯山牧羊。一天夜晚，当月亮女神狄安娜驾着马车出行时，看到恩底弥翁在静谧的山谷中熟睡。她忍不住滑翔而下，深情地偷吻了一下他的脸。熟睡中的恩底弥翁醒来看到了女神，从此一见钟情。宙斯发现了。他命恩底弥翁做出选择：要么像凡人一样老去病死，要么青春永驻但从此无法醒来。牧羊人选择了后者，长眠于拉特莫斯山上，每晚月亮女神都会来到他的身边陪伴他。

苦的两难困境；她天生就是撒谎精和霸凌者，她身上没有真理，也没有宽仁。我们越清楚她的真实存在，就越清楚她的卑鄙。简而言之，萧伯纳仍在被自己作为非浪漫主义作家的无能为力所困扰，他无法从内心想象人类生活的主要动机。我们成功被说服安妮愿意嫁给坦纳，但在这个过程中，我们失去了理解为什么坦纳会同意娶安妮的所有权利。一个更浪漫主义的作家也许会认为，一个女人选择她的爱人时不会感到羞耻，也不会欺骗他。即使采取主动的是女性，也没必要把她写得令人反感。当然，事实上，两性之间有两种吸引方式，而且在一些最幸福的情况下，这两种方式几乎是同时发生的。但即使是最玩世不恭的表演，也无须把它们混为一谈。说捕鼠器出现在那里不是偶然是一回事，说看到捕鼠器追着老鼠跑就是另一回事了。

但是，每当萧伯纳表现出清教徒的冷酷，甚至是清教徒的粗鄙时，他也表现出了清教徒的高贵，表现出了在伟大的目标面前牺牲微不足道的观点。加尔文和他的追随者们的理性最终会被上天的仁慈冲走，但他们的非理性将永远散发光辉。我们已经放弃认为新教是理性的，在很久之后，新教的狂热将是它的荣耀。萧伯纳也是如此。为了让安妮成为一个真正的女人，甚至是一个危险的女人，他需要比自己原本的那样更陌生、更温柔。虽然每次他争论问题的时候我都陪他争论，但我承认，他总是在情绪激动的那一两个时刻征服了我。

剧中有一个非常高贵的时刻，安妮为她追求丈夫这一放荡不羁的行为进行了唯一的辩护，这一辩护已是足矣。她说："对我来说，这并不完全是幸福。也许还有死亡。"而在真正的危机中，这个男人也站起来了，说："哦，你抓得太紧了，抓得我很疼。你抓住了我什么呢？抓住了当父母的心吗？"在我看来这很了不起，现在我更加不喜欢这两个角色了，但在那一瞬间，我能透过他们看到创造他们的上帝的光辉，以及书写他们故事的上帝的形象。

一个逻辑学家在许多方面都像一个说谎者，但最重要的是他必须有良好的记忆力。萧伯纳一贯采用的那种犀利而追根究底的风格，必然会招致批评。不可否认的是，无论如何，这种认为合理的性结合至为重要的新理论，在逻辑上很难与萧伯纳过去对感伤主义和歌剧浪漫主义的抨击相统一。如果大自然主要是想诱骗我们陷入性结合，那么所有的性吸引手段，就算是最富有感情或最夸张做作的，都是理所当然的。民谣歌手的吉他就像农夫的犁头一样实用。舞厅里的华尔兹舞就像教区议会里的辩论一样认真。安妮作为超人的潜在母亲，如果其存在是正当的，那么萧伯纳从他作为戏剧评论家和剧作家的职业生涯一开始就在谴责的所有骗子和感伤主义者，他们的存在也是正当的。早期的萧伯纳说浪漫都是月光，这话毫无意义，因为按照他现在的逻辑，使爱情成熟的月光就像使玉米成熟的阳光一样实用。说男女之间的旧式礼节是一种堕落腐化，这话也是废话，因为旧式礼节也许像粪肥一样腐化——但也一样肥沃。类似的，说初恋是虚构也是废话，它的虚构就像乌贼的墨汁或兔子的繁殖一样真实；它或许是虚构的，但它是有效的、不可或缺的。称其为自我欺骗也是废话，叔本华说过，一切存在都是一种自我欺骗；而且萧伯纳的进一步评论似乎认为，被欺骗是正确的。作者在《人与超人》的开头附加了一篇非常引人入胜的序言，就像他的其他所有戏剧一样。但是我真的认为他还应该在结尾附上一篇真诚的道歉，向因浪漫主义而被年轻时的他咒骂的所有小剧作家或喜剧演员道歉。每当他反对女演员抛媚眼时，她可能会理直气壮地回答："但这就是我支持我的朋友安妮为崇高的进化而努力的方式啊。"每当他嘲笑一个老派演员的咆哮时，对方可能会回答："我的夸张并不比孔雀开屏的尾巴或公鸡的昂首阔步更荒谬，我是一个非常优秀的演员，这就是我宣扬伟大而卓有成效的生命力谎言的方式。"我们已经看到了萧伯纳支持进步运动的结局，而这真的应该是他反对浪漫主义运动的结局。所有被他称为矫揉造作的爱情技巧都是自然而然的，因为它们变成了自然本身。所有爱情的谎言都变成了真理，事实上，它们成了真理本身。

这部戏的小细节包含了一些发人深省的优秀思想。在这篇简短的研究中，我有意不谈才智，因为在萧伯纳的作品中，才智是理所当然的。只要说这部充满了他最严肃品质的戏剧，从整体到细节都一样的充实和成功，就足够了。更确切地说，通过一个美国年轻人和司机斯特拉克这两个角色，萧伯纳认识到并生动地阐述了两个最重要的事实。首先，美国不是一个在智力上领先的国家，但无论是好是坏，它是一个守旧的国家，充满了陈腐的文化和祖传的简朴。正如萧伯纳笔下的年轻百万富翁，他会引用麦考莱的话，会虔诚地崇拜他的妻子。第二，他通过斯特拉克这个角色指出，在我们中间出现了一个新的阶级，这个阶级受过教育，但没有世家的教养。斯特拉克就是那个取代了穿戴漂亮的马车夫的人，他既不粗野，也不亲切。伟大的社会学荣誉应授予第一个清楚地注意到斯特拉克出现的人。一个人怎么会说他因斯特拉克的出现而高兴呢？我不想去猜想〔原因〕。

该剧的附录是一份有趣但有点神秘的文件，名为《革命者手册》，其中有许多非常正确的论点。举个例子，下面这个观点我再怎么赞同都不为过："如果你要打你的孩子，请确保在生气的时候打他。"如果正确理解了这一原则，我们就会少找些萧伯纳的社会学朋友，少听些他们对穷人习惯和本能的干涉。但在附录那些零碎的建议中，也出现了以下具有联想性甚至诱惑性的观点："每个四十岁以上的人都是无赖。"如果有一次机会，我会问问这条非凡公理的作者它是什么意思。我猜想，这句话的真正含义大致是这样：每个四十岁以上的人都发挥完了他应有的作用，因此他在某种程度上就像一条寄生虫。令人欣慰的是，萧伯纳写完这部戏剧之后仍在继续倾吐自己的语言宝藏——其中既有真理也有蠢话，充分地解释了自己的隽语。[1]但是，假如我们可以将这条隽语以一种相当轻松的风格解释为：到了某一时间点，一个人这一生的工作就定了性，其价值本质不会有太大改变，那么我们可以肯定地说，萧伯纳在完成《人与超人》后就达到了这个阶段。其后的两部戏剧，虽然本身十分有趣，但我们不需要因此重新评价他的天才和成功，甚至不需要做任何补充。从某种意义上说，那两部戏剧与他最初开始创作的戏剧性质相同，其中一部容易引发争议，另一部具有技术意义。也无须阻止我们说：当约翰·坦纳和安妮认同他们的婚姻是他们的死命，生命只属于那个未出生的事物时，萧伯纳预言的准确性在这一刻达到了顶峰。

之后他呈现给我们的这两部重要戏剧是《医生的困境》和《结婚》。首先，最有趣也最实际的是，这是对他那套玩弄科学家的老把戏的一种回归。他跟科学家之间的拉锯是一场非常精彩的比赛，他是一名令人钦佩的玩家。在我看来，《医生的困境》背

1　萧伯纳生于 1856 年，《人与超人》发表于 1903 年，此时萧伯纳 47 岁。

后的真实故事本身，并不像萧伯纳写的那么尖锐和重要。首先，如前所述，会真正产生问题的那种正义或软弱，萧伯纳身上都没有。我们无法对医生的困境感同身受，因为我们无法真正想象萧伯纳身处困境。他的头脑既偏好突转，又喜欢决绝；他总是在知道事实的当时甚至之前就下定决心。此外，评论家并不认为剧中这个特殊问题（尽管萧伯纳对它的困惑胜过对其他任何问题的困惑，我们将看到这一点）有多么令人恼火。医生面对的是一个拥有巨大力量和光明前途的艺术家，同时也是一个挥霍无度、背信弃义的无赖，如果医生对他所患的特殊疾病进行特殊治疗，他就有机会活下去。现代医生（甚至是现代剧作家）都在困惑，这个病人是应该因为他在美学上的重要性而得到特别优待，还是应该因为他在伦理上反社会而被特别忽视。他们在两种可鄙的现代学说之间摇摆不定，一种认为天才应该像偶像一样被崇拜，另一种认为罪犯应该像细菌一样被消灭。他们似乎并没有想到，聪明人和坏人都应该被当作人来对待。事实上，在生死这类事情上，一个人是根本想不到要区别对待的。没有人会在海上大喊："有坏人落水了！"我相信任何一位正派的医生在没有任何困境的情况下都会这样做：把病人简单地当作一个人来对待，对他的照顾不要比别人多，也不要比别人少。我会建议身处困境的医生也这样做。简而言之，我相信一个务实的医生会放弃所有这些关于榜样和犯罪学的不切实际的现代梦想，回归到法国大革命和人权运动推动的、纯粹公事公办的处事方式。

另一部戏剧《结婚》，是萧伯纳职业生涯的一个重要节点，但只是作为一部戏剧，而不是因为什么独特观点。这部戏剧只不过是一场关于婚姻的谈话，人们不能同意或不同意这种婚姻观，因为所有给出的观点都是任何人所持有的，而有些观点（我认为）是没有人会持有的。但这部戏剧的技术质量在作者的职业生涯中非常重要。它值得作为一部戏剧来考虑，因为它根本就不是一部戏剧。这标志着萧伯纳对抗英国公众——或者更确切地说是英国公众的官方代表——的胜利达到了顶峰，取得了圆满。萧伯纳与商人们进行了长期的斗争，这些不可思议的人让他明白，若不赢得厮杀，才智也无处展示，一个在其他地方最受欢迎的好笑话，如果不打败竞争对手，在戏剧界也是卖不出去的。尽管如此，他还是用自己的才智和优秀对白征服了市场。到我们现在谈起的时候，他得胜了，而且平安无事。他的所有戏剧都理所当然地在英国上演，在美国和德国也成为最流行、最受欢迎的作品。凡是了解萧伯纳天性的人都不会怀疑，在这种情况下，他的第一件事就是毫无顾忌地发挥他的才智。有人说他写不出纯对白的微型剧，他因此很快就写出了一段没有表演的纯对白剧。《结婚》和西塞罗的对话体作品《论友谊》一样不是戏剧，和威尔逊[1]的《夜神》一样不是戏剧。虽然不是戏剧，《结婚》还是上演了，而且很成功。走进剧院的人都觉得他只是偷听了一次偶然的谈话。但这段谈话是那么精彩，那么明智，于是他继续偷听。我认为，作为萧伯纳的封笔之作[2]，这部剧也是他最后的胜利。他是一位优秀的剧作家，有时甚至可以说是伟大的剧作家。但在我们看到他作为一个真正伟人出现的场合，他是完全没有戏剧性的。

萧伯纳自始至终都是个健谈的人。这样说并不是诽谤；苏格拉底也是个健谈的人，甚至基督自己也是。但他实际上不同于那位圣人，也不同于那位人类楷模。就像大多数现代人一样，在某种程度上，他说话是为了认清自己的想法，而前述两位圣人和人类楷模在开口之前就很清楚自己的想法。不过，他具备健谈的人所具有的美德，其中之一就是谦逊。你很难发现一个真正骄傲的人是健谈的，这样的人会害怕自己说得太多。萧伯纳凭借一项优

---

1 约翰·威尔逊（John Wilson），英国散文家和诗人。《布莱克伍德》杂志的主要撰稿人，1822—1835 年间发表了大部分《夜神》（*Noctes Ambrosianae*）散文。这些假想的对话富于机智，涉及文学、政治等问题。威尔逊还创作了《椰岛》（*The Isle of Palms*）等诗歌。

2 此传记出版于 1909 年。指在此传记出版时，它是萧伯纳的最后一部戏剧。此后萧伯纳还有《卖花女》（1912 年）、《伤心之家》（1919 年）、《圣女贞德》（1923 年）、《苹果车》（1929 年）等剧作发表。

秀的资质把自己献给了这个世界，那就是他能够诚实而出色地讲话。他不是自说自话，而是和公众对话。他不是在写作，而是在和打字机对话。他并没有真正构思出一部戏剧；他不是通过一张嘴或一个面具对话，而是通过十张嘴或十个面具。他的文学力量和进步开始于随意的交谈——也应该在一次了不起而随意的交谈中结束，在我看来这是恰如其分的。他的最后一部戏剧[1]就是絮絮叨叨，就是八卦闲聊。我很高兴地说，这部戏剧很有效，也很成功，就像孩子们之间的谈话和八卦一样。

关于他晚年的生活，我不会假装哪怕有一点点话要讲。那些认为他只是一个善于自我宣传的自大狂的人，听到也许没有一个局外人能更正面地评价他人的私生活这种说法，可能会很惊讶。即使是那些了解他的人，也只能对他这段精彩的自我表达背后的内容做出一种推测，而我也只是像其他人一样做出我的猜测。我认为萧伯纳人生中第一个重要的转折点（发生在我前面说过的，父亲在一个本该禁酒的家庭里酗酒，或者他第一次与贫穷做斗争这些早期的事情之后）是身患致命疾病，这发生在他的第一次闪电般的职业生涯——供职于《星期六评论》——结束时。我知道如果说这次疾病本可能让萧伯纳变得

---

1 见前页注 2。

心软，那他一定会发疯的。但也因此，我才要这样说。不过，为了安慰他，我要说，我认为这次疾病也使他变得坚强了，如果我们的灵魂在面对可怕现实时的坚强也能被称为坚强的话。至少可以肯定的是，他更大的精神抱负，寻找自己的信仰和建立"教派"的愿望，在那之后才会产生。我之所以提到这次疾病，也是因为几乎没有什么其他事情可说了；他的生活没有标志性的东西，而他的文学作品却奇怪地充满了惊喜。他病后不久就同佩恩-汤森小姐结了婚，他有许多相当成功却完全无人知晓的事情，这段婚姻就是其中之一。他婚姻生活的平静，只要说（据我所知）他们之间最重要的事情就是关于费边社社长的争吵，就足以说明了。如果这样的涟漪还不能表达他平静的、湖泊般的生活，那我不知道还有什么。老实说，在萧伯纳后来的职业生涯中，唯一可以称为事件的，就是费边社成员们对 H. G. 威尔斯[1] 先生突然发难时，他所站的立场。在一番盛怒之后，这件事以威尔斯退社告终。他的平静生活中出现的另一次轻微的骚动，是

---

1 赫伯特·乔治·威尔斯（Herbert George Wells），英国著名小说家、新闻记者、政治家、社会学家和历史学家。他经萧伯纳介绍加入了费边社。对于费边社温和的、改良主义的社会主义思想，他仍然认为过于激进。而他对年轻成员的影响和个人领袖欲的膨胀，使他和萧伯纳等发生分歧，最后退出了这个组织。

在他说了一些关于亨利·欧文爵士[1]的话之后，那些话其实颇有道理。但总的来说，萧伯纳已经进入了平静的生活。

萧伯纳的生活方式基本上没有变化。他的生活很有条理，我能听到某些人还在嘀咕他疯狂表面下的条理。他不仅整洁、干练，而且不像我所认识的某些文人，他不隐瞒事实。他不仅具有作家应有的才能，还很乐于证明自己也具有出版商应有的才能，甚至出版社职员的才能。虽然许多人看到他那浅棕色的衣服，会叫他波希米亚人，但他其实憎恨和鄙视波希米亚主义，因为他憎恨和鄙视混乱、不洁和不负责任。他的这一部分特别正常高效。他给出好的建议，他总会回信，而且字迹清晰果断。他自己说过，他认为唯一重要的有教育意义的艺术是在适当的时候有能力跳下有轨电车。虽然他是一个严格的素食主义者，但他的饮食却很有规律，也很合理；虽然他讨厌运动，但他做了足够的运动。虽然他总是在语言上嘲笑科学，但在实践中他天生就喜欢参与科学。他喜欢拍照，更喜欢别人给他拍照。他坚持认为（在他疯狂的现代生活中）摄影是一件比肖像绘画更好的东西，更精致，更

1　亨利·欧文爵士（Sir Henry Irving），英国演员和导演。19世纪70年代早期在伦敦一举成名，成为活跃在舞台上的著名演员。1878—1902年任莱西尤姆剧院经理。与女明星艾伦·特里一起演出了一系列莎士比亚戏剧，赢得广泛赞誉，但评论界经常抨击他过于浪漫主义的表演风格。萧伯纳则称他："没有大脑，是位性情中人。"1895年成为第一位受封爵士的演员。

富有想象力；他极力声称自己的每一张照片都不一样，跟他自己也不像。但他肯定会在洗完照片之后立即把手上的化学物质洗掉。他不能忍受污点和积垢，他是那种认为传统本身就是一层灰尘的人；即使是茅屋上的藤蔓或坟墓上的青苔，在他眼中也不过是一种肮脏的积垢或有实体的疾病而已。他的口味完全符合现代文明人的口味，要不是他心中的正义和愤怒之火，他可能就是被他震惊的数百万人中最整洁、最时髦的一个。他的自行车和棕色帽子在布里克斯顿[1]并没有造成威胁，但上帝派他作为一位预言家和卫生检查员来到郊区。他完全有资格住在别墅里——除了对住在猪圈里的同胞们必须的漠不关心。然而，虽然他憎恨虚伪和阶级残酷，但是他会真正接受和喜欢浴室、自行车和石棉火炉，而对河流和熊熊燃烧的火焰没有记忆。在这些事情上，像斯特拉克先生一样，他是新人类。要不是他那伟大的灵魂，他也许会接受现代文明，这是一次奇妙的脱离。人们如此愚蠢地称他为疯子和无政府主义者，实际上他跟我们狭隘的新教文明低级的完美主义有着危险的密切关系。如果他少一点自尊的话，他也许还会受人尊敬。

---

1 布里克斯顿（Brixton）是位于英国伦敦南部的一个地区，在行政区划上属于兰贝斯区。

他的功成名就，他生命中这种平静、理性的基调，加上他个人的善良和他的同行艺术家们对他的尊重，应该允许我们以一种近乎家长式的安静语调来结束这份记录。如果我想完成这幅画，我可以加上许多修饰：他愿意穿晚礼服；他支持《泰晤士报》读书俱乐部；他的胡须已经变白；最后让他感到遗憾的是，他想让他的胡子一直保持红色，直到拍完彩色照片。他能与最保守的政治家来往；在宗教问题上，他的语气越来越温和。很容易以狮子和羔羊和平共处的画面作为结束，野性的爱尔兰人驯服了所有人，萧伯纳与英国公众和解了，因为英国公众当然在很大程度上接受了他。

但当我把以前这些材料拼凑起来，正要完成这篇无礼的研究时，我听到了一个消息。他最新的戏剧《布兰科·波斯奈特的暴露》，被审查官禁止了。据我所知，这部戏剧被禁止的原因是其中一个角色声称信仰上帝，并称上帝已经得到他了。这样做是有益

1　该剧被禁止在英国上演。萧伯纳不放弃，转而在不受审查的都柏林上演。其间萧伯纳和官方的拉锯战，导致首场演出爆满。主角是名盗马贼，为找回一笔被不公正拿走的钱，他偷了一匹马。在逃离时他遇到一名带着病孩去就医的妇女，就把马给了她。后来他被抓获。在一个可怜母亲的哀求下，他屈从认罪了。在表现出这一恻隐之心的时刻，上帝之手抚摸到了他的脑袋，他再也无力去过他之前的那种残酷野蛮的生活。他做了一番长长的没什么条理的演讲（就是这部分内容导致被禁），它们是神学性的，但用词不太宗教化。结局波斯奈特努力救助的婴儿死了，母亲遭到逮捕。她向法庭陈述了她的故事，波斯奈特被宣判无罪。

于身心健康的，但这也像晴天霹雳。萧伯纳这个世界的王子是不会轻易原谅的。萧伯纳的宗教训练和本能与我不同，但在所有真诚的宗教中，对我们这个时代无处不在的妥协来说，都有一些东西令人厌恶。在我们这个时代，你可以自由地说上帝不存在，你也可以自由地说上帝存在并且是邪恶的，你还可以自由地说（就像可怜的老勒南[1]一样），如果可能的话，上帝希望自己存在。你可以把上帝当作一种隐喻或一种骗人的把戏，你也可以用长篇大论来淡化他，或者愤怒地指责他只是形而上学的垃圾，不仅没有人惩罚，也没有人抗议。但是，如果你把上帝当作一个事实，当作像老虎一样真实存在的东西，当作改变一个人行为的理由，那么现代世界会以某种方式阻止你，如果它可以的话。我们已经很久没有讨论不信教的人是否应该因不敬而受到惩罚了。而现在，人们认为信徒才是不敬的。我要说到我开始的地方：正是萧伯纳内心那个老清教徒像电击一样震撼了现代世界。那个我想与之一道结束的图景，里面有文化和常识，有红砖和棕色法兰绒，它被那位现代职员拓宽了，容纳了萧伯纳，而萧伯纳又足够柔和，容纳了那个职员。于是那个关于新伦敦的图景开始褪色和改变，红

1　欧内斯特·勒南（Ernest Renan）是 19 世纪法国著名哲学家、历史学家和宗教学家。早年曾在家乡的神学院学习，二十二岁时因信仰危机背弃天主教，成年后在政治上和信仰上倾向于自由主义，宗教上倾向于怀疑论。

砖开始烧得通红，所有烟囱里冒出的烟都有一股怪味。我发现自己又回到了我自己烧起的烟雾中……也许我被无足轻重的现代性误导了。也许我所谓的〔萧伯纳的〕苛求是一种神圣的恐惧。也许我所谓的〔萧伯纳的〕冷淡，是一种宿命，一种由来已久的忍耐。费边别墅的景象变得越来越模糊，直到我看到这位班扬的朝圣者用手指捂住耳朵穿过一片空地。

萧伯纳一生中大部分时间都在躲避他的追随者。狐狸也有热情的追随者，萧伯纳似乎是以狐狸看待其追随者的方式，来看待自己的追随者。这个被人指责为哗众取宠的人，在我看来，甚至不敢面对他人的赞同。如果你同意萧伯纳的观点，他很可能会反驳你；我一直在反驳萧伯纳，这就是为什么我最后几乎都同意他的观点。他的批评者指责他是在庸俗地自吹自擂；在我看来，在他和他的追随者的关系中，他似乎有一种疯狂的谦虚。他似乎甚至想背弃一致，以尽可能少地拥有追随者。我想，所有这些都可以追溯到引发我沉思的三个根源。部分原因是爱尔兰人的急躁和讽刺。部分原因是加尔文主义者认为上帝的军队应该减少而不是增加，基甸[1]必须拒绝招募士兵。部分原因是这位不悦的进步派

---

1 以色列的著名英雄和士师，人物出自《圣经·旧约》。在以色列人与米甸人的战斗中，基甸受上帝旨意，精选、削减以色列士兵的人数，以少胜多，大败米甸人。

试图站在自己的宗教面前，摧毁自己的偶像，甚至亵渎自己的坟墓。但是，不管出于什么原因，这种疯狂逃避大众的行为使萧伯纳陷入了某种乖僻的境地，这几乎是不真诚的表现，因此有必要在这令人眼花缭乱的过程中把他所做的好事和坏事区分开。我将通过陈述在我看来他的影响是完全好的三件事和看来是坏的三件事，试图做一些总结。但为了更好地结尾，我还是先说说那些看起来不好的。

萧伯纳产生坏影响的主要方面是他鼓励了人们的苛求。他使人们讲究道德饮食。这确实是他反对浪漫主义的全部根源。许多人反对浪漫，是认为它过于轻浮和精致。而萧伯纳反对浪漫，是因为它太低级、粗俗了。许多人鄙视浪漫，是因为它不真实；而萧伯纳非常讨厌浪漫，是因为它太真实了。萧伯纳不喜欢浪漫，就像他不喜欢牛肉和啤酒、生白兰地或生牛排一样。浪漫对他来说太男性化了。你会发现，他的全部批评中蕴含的简单粗暴的正义或毫不留情的公正中，都隐隐存在着一种奇怪的偏见：他偏爱优雅的人，而不是粗鲁或丑陋的人。因此，他会因一个笑话粗俗而不喜欢它，不问它是否真的不道德。他反对一个人坐在他自己的帽子上，而严肃的道德家只应该反对一个人坐在他别人的帽子上——这种敏感是无益的，因为它是普遍的。反对人被造得可笑是没有用的。人生而可笑，如果你在一个人出生后不久就去看他，就会很容易看出这一点。喝啤酒是怪诞的，但喝苏打水也是怪诞的——怪诞之处在于这个行为好像是通过一个洞把自己像瓶子一样装满。酒鬼摇摇晃晃地走路是有损尊严的，但是，走路本来就是有损尊严的，因为只要是行走，就都是一种平衡，而人走路就像一种用后腿走路的四足动物。我并不是说人四肢着地就会更有尊严；我都不知道人有尊严，除非他死了。我们只要不被磨成尘土，就不会变得斯文。当然，只是因为人并不完全是一种动物，人们才把他看成是一种古怪的动物；如果人用后腿站立的姿势是做作的，那只是因为他在像狗一样乞求或说谢谢。

在这个意义上，从婴儿到龇牙咧嘴的骷髅，一切重要的东西都是荒谬的，一切实际的东西都是玩笑。但奇怪的是，在萧伯纳的喜剧中，他压抑着人们为此大笑的冲动。例如，一个恋爱中的男人的第一项职责就是让自己出丑。但萧伯纳笔下的男主角们似乎总是在这一点上有所退缩，试图以一种不切实际的、哲学上的报复，先愚弄女人。瓦伦丁[1]和查特里斯[2]试图将他们的感知和欲望区分开来，在想办法赢得女人的同时告诉她，她是毫无价值的，这种做法有时简直让人忍无可忍，就像看到一个人试图用两

1　萧伯纳剧作《难以预料》中的角色。
2　萧伯纳剧作《花花公子》中的角色。详见第 106 页注 2。

只手演奏不同的曲调。我想不只观众感觉到了这种痛苦，剧作家也感觉到了。这就是萧伯纳，他不愿意做任何像求婚这样可笑的事。因为伟大的幽默家有两种类型：喜欢看到别人荒谬的人和讨厌看到别人荒谬的人。拉伯雷和狄更斯是第一类，斯威夫特和萧伯纳是第二类。

到目前为止，萧伯纳在这些伟大而怪诞的人类生命的官能中传播或助长了某种现代的厌恶或假谦虚（*mauvaise honte*），我认为这肯定造成了伤害。他在年轻人中有很大的影响力，但这并不是一种让他们保持年轻的影响。人们无法想象他会激励他的任何追随者写一首战歌、一首饮酒歌或一首情歌——人类这三种表达形式的高尚感仅次于祈祷。一个粗鲁无礼的男人最终会让所有男人觉得羞怯，这说起来似乎有些奇怪，但肯定是事实。羞怯永远是灵魂分裂的标志，男人害羞是因为他认为自己的地位既卑下又重要。如果他不谦逊，他是不会在乎的；而如果他没有自尊心，他同样也不会在乎。萧伯纳理论教学的主要目标是，宣示我们应该实现生命的这些伟大功能，我们应该吃吃喝喝，去爱。但是，他习惯性批评的主要倾向是认为，所有的这些情感、职业和姿态不仅滑稽，而且可笑、愚蠢得令人发指，简直是欺诈。结果似乎是，一个由年轻人组成的种族崛起了，他们做所有这些事情，但做得笨拙不堪。过去自由和欢乐的功能，如今变成了重要和尴尬的必需品。让我们以一种基督徒的耐心忍受一切异教的欢乐吧。让我们吃吃喝喝，认真点。

在我认为萧伯纳造成明确伤害的两点中，第二点是他（并非总是或有意地）增加了思想的混乱状态，而这种混乱状态往往意味着思想的毁灭。他早期的许多作品在现代年轻人中鼓励了最有害的流行伎俩和谬论，即被称作进步论的东西。我是指这类事情。过去的时代在政治上往往是贵族主义，在宗教上往往是教权主义，但在哲学上总是民主的，它们吸引的是所有人，而不是特定的人。过去如果大多数人都反对一种思想，那也是一如既往的反对。而现在大多数人都反对会被认为是正确的事情，明明这件事已经模糊地表现出，总有一天大多数人都会支持它。如果今天一个人说奶牛是爬行动物，或者培根写了莎士比亚剧，他总能引用与他同时代的人对他的蔑视，以某种难以理解的方式来证明后世对这些问题的看法的彻底转变。反对这一理论几乎不需要任何详细的说明。反对它的最终理由是：按照这一理论的逻辑，那随便说点什么，不论是多么愚蠢的话，你都超前于你的时代。这种事情太荒谬了，必须被阻止。那些对未出生的婴儿有吸引力的民主党人，和那些对已过世的曾祖父有吸引力的贵族，一定是同一类人。这两种人都应该清楚地意识到，他们能吸引的是那些在快问巧答方面处于劣势的人。虽然萧伯纳从这个简单的混乱中幸存了下来，但在他的时代，他又极大地加剧了这个混乱。如果说萧伯纳身上有什么非常罕见的事，那就是犹豫；他下决心比一个精于算计的孩子或一个郡长都要快。然而，在道德的下一次变化这个问题上，他感到犹豫，而且作为一个极端诚实的人，他表达了这一点。

"我所知道的最困难的实际问题莫过于，为了受益于一个有天赋的人的天赋，或者为了他最终是正确的机会，我们应该忍受这个人的自私到什么程度。超人一定会来，就像黑夜里的小偷一样，后者来了就会被射杀，但我们不能因此就门户大开。另一方面，我们不能简单地要求超人在当前受人尊敬的道德标准上增加一套更高的美德；因为毫无疑问，他会把许多体面的道德像大盆脏水一样泼出去，用新的、奇怪的习俗取而代之，抛弃旧的义务，接受新的、更重的义务。他前进的每一步都肯定会让传统的人感到恐惧；如果连最优秀的人也能一直前进，那么每一个朝超人前进的先驱都会被钉死在十字架上。"

当这个世界上说话最果决的人，这个在语言上极其精准的人，以这种不加掩饰的含糊和怀疑发言，难怪他的所有意志不如他坚强的追随者，都被卷入了一个旋涡，这个旋涡里都是不加批判和毫无意义的创新。如果优秀的人显然是罪犯，最可能的结果就是罪犯会认为自己更优秀。这事只需要对人性略知一二就能推知。如果超人可能是一个小偷，你可以用你的靴子打赌，下一个小偷将是一个超人。但事实上，超人（我见过许多这样的人）通常在头脑上比在道德上更软弱；他们只是提出了最初的幻想，这种幻想占据了他们的头脑，被认为是新的道德观念。我担心萧伯纳会鼓励这些愚蠢的行为。从我引用的这段话中可以明显看出，他没有办法约束这些行为。

事实上，所有虚弱的灵魂都自然地活在未来，因为未来是没有特点的；活在未来是一项轻松的工作，你想怎么做就怎么做。下一个时代是空白的，我可以用我最喜欢的颜色自由描绘。面对过去需要真正的勇气，因为过去充满了无法绕过去的事实，充满了当然比我们聪明的人，以及我们做不到但别人能做到的事情。我知道我写不出像《利西达斯》那样精彩的诗，但要说我能写的那种诗将会是未来的诗总是很容易的。

我把这称为萧伯纳的第二种坏影响：他鼓励许多人以正当理由投身于未成形和未知的事物中。在这方面，他自己虽然勇敢，却鼓励了比他懦弱的人〔使他们面临更大的风险〕；他自己虽然真诚，却帮助了可鄙的逃脱。我认为，他造成的第三种坏影响可以更迅速地说清楚。他在些许程度上，但仍然很明显地，在那些拥有爱尔兰人的无耻却没有爱尔兰人的美德的人中间，鼓励了一种江湖骗子的言论。例如，他那自吹自擂的有趣把戏，就十分诚恳和幽默；不仅如此，甚至还很谦卑，因为承认虚荣心本身就是谦卑的。骄傲者的问题在于他们不承认自己的虚荣。因此，当萧伯纳说他独自一人就能够写出如此令人钦佩的作品，或说他刚刚彻底击败了一些著名的对手时，我个人从未感到他的语气里有任何冒犯，实际上，我只听到一个朋友明确无误的语调。但我注意到，在较年轻、较生硬、较浅薄的人中间，有一种倾向，他们喜欢模仿这种傲慢的从容和自信，却根本不具备任何坦率和欢乐。到目前为止，这种影响是不好的。自我主义可以像其他任何"主义"一样成为一节课。学习爱尔兰口音或好脾气并非易事。在取得胜利之前就宣布胜利，这就以更低级的形式成了一种最没有规矩的伎俩。

当一个人说了这三件事，我想，他就说了所有可以用来指责萧伯纳的话。值得注意的是，萧伯纳从来没有因为这些事情被审查官指责过。考虑到那名官员的态度，我提出的这三种指责可能会被他以一种轻微的蔑视驳回。把萧伯纳说成亵渎或轻佻的下流人，这根本不是用来讨论的话题，而是对一个特别受人尊敬的中产阶级绅士的诽谤犯罪。这位绅士还拥有高雅的品位和清教徒式的观点，这种诽谤行为十分令人厌恶。不过，尽管从反面对萧伯纳进行辩护很容易，对他的公正赞扬却是复杂而必要的。在本书的最后几页，我将专注于与前面相对应的三重奏——即萧伯纳的作品既出色又伟大的三个重要元素。

　　首先，撇开所有特定的理论不谈，世界要感谢萧伯纳，因为他既聪明又易懂。他推广了哲学，或者更确切地说，他重新推广了哲学，因为哲学总是受欢迎的，除了在像我们这样特别腐败的、寡头政治横行的时代。我们已经度过了煽动家的时代，这类人没什么可说的，却还大肆造势。我们已经来到了神秘主义者或学究的时代，这类人也没什么可说的，但他们只是用模糊的耳语轻轻地说出来，这一点倒是令人印象深刻。毕竟，简短的词语一定是有意义的，即使它们意味着肮脏或谎言；但是长话有时毫无意义，特别是当它们被用来平衡和修改彼此时（就像它们在现代书籍和杂志文章中经常出现的那样）。一个用粉笔涂写的普通数字4，无论在什么地方，肯定都有它的含义；它可能意味着2+2。但是，最庞大、最神秘的代数方程，充满了字母、括号和分数，最终可能全部抵消掉，等于零。当一个煽动家对一群暴徒说："既然有英国银行，你们为什么不应该有一些钱呢？"他说的话至少和数字4一样诚实易懂。当一位作家在《泰晤士报》上评论说"我们必须提高大众的经济效率，而不改变代表国家繁荣和优雅的那些阶层的任何东西"时，他的"方程"抵消掉了；从字面上和逻辑上讲，他的话毫无意义。

　　现在有两种江湖骗子，人们也称之为庸医。第一种的力量在于他会宣传，也能治病。第二种的力量在于，他没有治病的本事，却极会宣传吹嘘。前者是为了一磅茶而放弃了尊严，后者则仅仅因为有尊严而得到一磅茶叶。我认为后者更糟糕。萧伯纳当然是第一种人。狄更斯是又一个优秀到足以成为煽动家的人（他比萧伯纳更优秀，因为他本质上就是一个煽动家），他在《玛丽戈尔德医生》中一针见血地指出了煽动家和神秘学家之间的真正区别："我们是廉价的杰克[1]，他们是昂贵的杰克，除此之外我看不出我们之间有任何区别。"萧伯纳是个了不起的廉价杰克，他有许多花言巧语，我敢说他也有许多废话，但他还有一点（这一点并非完全无关紧要），他有东西出售。人们指责这样的人，说他们是自我推销。但是，至少这位廉价杰克确实是为他的货物做广告，而学究或昂贵杰克只为自己做广告。这类人的沉默，不，是他们的贫乏，被认为是博学多识的标志。这类人太博学了，以至于不能教书；他们有时太聪明了，以至于不能交流。圣托马斯·阿奎纳说过："这是天主的权威[2]。"但在牛津或剑桥，因为没当过作家而被认为是权威的人可不止一个。

萧伯纳对沉默和赞言的神秘化提出了强烈的抗议，他坚持这

1　原文 "cheap-jacks" 本意为 "叫卖的小贩"。

2　原文 "In auctore auctoritas" 中的 "auctore" 在本句话中是 "天父" 之意，但该词也可理解为 "author"（作家），后文借此玩了文字游戏。

样一个事实：那些经历过神性和伟大的人不关心哲学，只有那些经历过生死的人才关心。几乎所有最可怕、最深奥的陈述都可以用单音节词来表达，从"一个孩子出生了"到"一个灵魂被诅咒了"。如果普通人不能讨论存在，为什么要让他去进行"存在"这个行为？在具体问题上，人们自然会求助于寡头政治或精英阶层。要想知道关于拉普兰的情况，我会到拉普兰的一个贵族那里去打听，类似于要想知道关于兔子的情况，我会去问自然学家的贵族，或更倾向于问偷猎者的贵族。但是，只有人类自己才能为人类抽象的基本原则做见证，在理论问题上，我总是请教大众。举例来说，只有大众才有权力说生活是否美好。生活是否美好是一个特别神秘而又微妙的问题，而且，就像所有类似问题一样，用单音节词来问就可以了。对它的回答，也是单音节词就可以了。而萧伯纳（人类也是一样）回答"是"。

萧伯纳这种朴素、好斗的风格，极好地澄清了所有的争议。他杀死了多音节词那巨大的、黏糊糊的、在英国的所有山谷里横行的蜈蚣，像被古代骑士杀死的"恶虫"[1]一样。他不认为用难懂的词来解释难答的问题会使问题变得简单。他达成了一项令人钦

---

1 恶虫（Loathly Worm），欧洲传说中的一种异兽，蛇形身躯，两只蜥蜴般的小脚，毫无节制地滥杀无辜。这种在欧洲大陆肆虐的没有翅膀的生物，是大不列颠龙族的一种变种。

佩的成就，那就是在不提"进化论"这个词的前提下讨论进化论，提起这件事的人总会对他充满感激。这项成就在哲学领域当然比在其他任何领域都更为明显，因为相比之下哲学会哭诉。可笑的是，那些精心留给两三个人来研究的东西，实际上人人都可研究。某些人竟然在一切领域的特定主题方面都是专家，这很荒谬。但是在其他方面，他保持了同样的精神和风格，例如，在经济学领域。作为一个经济学家，他的受欢迎程度前无古人。他更清晰，更有趣，更一致，更准确。他的例子非常滑稽，使得例子本身和它们代表的论点在人们的脑海中挥之不去。我记得有一次，他说大商场现在得取悦每一个人，而不再完全依赖那些跑来"订购四个家庭教师和五架三角钢琴"的女士了。他总是鼓吹集体主义，然而，他并不经常说出这个词。他谈论的不是集体主义，而是现金，后者是民众更明确感觉需要的。他谈论奶酪、靴子、婴儿车，以及人们如何真正生活。对他来说，经济学实际上意味着家政，就像在希腊语中一样。他与正统经济学家的不同之处，就像他〔与他人的〕的大多数不同之处一样，与主流社会主义者〔对正统经济学家〕发起的攻击截然不同。曼彻斯特的老经济学家们通常被攻击为过于粗俗和物质，萧伯纳则攻击他们真的不够粗俗和物质。他认为他们隐藏在冗长的词语、遥远的假设或不真实的概括之后。当正统经济学家以自己正确而基本的公式开始，"假设有一个人在一个岛上——"，萧伯纳会尖锐地打断他们，说："有一个人在街上。"

萧伯纳卓有成效的第二阶段在某种意义上与前述相反。他使哲学讨论更受欢迎，从而改进了哲学讨论。但他也使大众娱乐更具哲理，从而改进了大众娱乐。我说的更具哲理，并不是指更迟钝，而是指更有趣，更多样化。所有真正的乐趣都是在宏观层面的对比中，其中包括对宇宙的看法。但我知道萧伯纳的第二种优势很难表述，必须通过解释，甚至排除来尽可能地表述清楚。让我马上说的话，我并不仅仅因为萧伯纳或其他任何人扮演了大胆的怀疑论者而高看他们。我不认为他仅仅通过提出令人震惊的问题就能取得任何好处，甚至取得任何效果。很有可能，人们已经很长时间行动迟缓了，任何能把他们唤醒的东西都是好事。但只要确定我们的时代不是这样的时代就足够了。我们不需要醒来；相反，我们遭受失眠症，及恐惧、夸张和可怕的醒梦的所有后果。现代人的思想不是一头要被踢才能继续前进的驴。现代人的思想更像是一辆行驶在偏僻道路上的汽车，两个业余司机只是自作聪明地把它拆开，却没有聪明到能够把它重新组装起来。在这种情况下，就算是最好的专家也不认为踢那辆车有什么作用。因此，没有人能仅仅通过提问而对我们的时代做出贡献——除非他能回答这些问题。问问题已经是一项时髦的贵族运动，它把我们大多数人带进了破产法庭。我们这个时代的注解是对审问的注解。最后一点很清楚：任何怀疑主义哲学家能问出的问题，一个疲惫的孩子在一个炎热的下午也可能会问出。"我是个男孩吗？——为什么我是个男孩？——为什么我不是一把椅子？——什么是椅子？"一个孩子有时会问这类问题长达两个小时。欧洲新教的哲学家们两百年来一直在问这类问题。

如果上述就是我所说的萧伯纳使人们更有哲理性的全部意思，我应该把它归为他的坏影响而不是好影响。在某种程度上，他确实做到了让人们更具有哲理性，到目前为止，他的影响是不好的。但说他是一位哲学家，有更大、更深层的意义。他把所有通常被认为缺乏戏剧性事实或倾向的事物都带回到了英国戏剧中。在莎士比亚时代，那些事物就在英国戏剧中；但在萧伯纳之前，它们几乎不在。我的意思是莎士比亚对一切都感兴趣，他把一切都写进剧本里。假设他最近在思考我们在自我保护和自杀方面所面临的讽刺甚至矛盾，他就会把这些都写进《哈姆雷特》。如果他对盛大的婴儿潮感到恼火，他也会把这一点写进《哈姆雷特》。他会把任何他认为真实的东西写进《哈姆雷特》，从他最喜欢的儿歌到他个人对天主教炼狱的信念（也许有些不合时宜）。我认为，关于莎士比亚，没有什么事实能打动人，除了他可以多么地富有戏剧性和他可以多么地缺乏戏剧性。

萧伯纳把哲学带回到了戏剧，这十分伟大——在某种意义上，哲学是思想的自由。这不是一种喜欢什么就思考什么的自由（这是荒谬的，因为一个人只能思考他思考的），而是思考自己喜欢什么的自由，但这是完全不同的事情，这也是所有思想的源泉。莎士比亚（在脆弱的时候，我认为）说过，整个世界就是一个舞台。但莎士比亚的表演遵循了一个更精妙的原则：舞台就是整个世界。所以在萧伯纳的所有戏剧中，都有一些人们称之为"缺乏戏剧性"的东西，剧作家之所以把这些东西加进去，是因为他很诚实，他更注重的是证明自己的观点，而不是戏剧取得成功。萧伯纳把莎士比亚的广泛性——如果你愿意，你可以称之为莎士比亚的无关性——带回到了英国戏剧中。也许更好的〔对哲学的〕定义是一种思考真理的习惯，而真理是值得被说出来的，即使只是偶然遇到的。而在萧伯纳的戏剧中，有大量的偶然遇到的真理。

跟上时代的步伐不过是一种无价值的抱负，除非是在年鉴里。萧伯纳曾经谈到过这种年鉴哲学。然而，这个短语是可以真正明智地运用的，在某些情况下，我们对正在发生的事情的刻板印象，让我们看不到事情的真相。例如，报纸永远不会是最新的。写头条的人总是落伍的，因为他们总是在赶时间。他们被迫回到他们的老观点，因为他们没时间去想一个新的。凡是匆忙完成的东西必然会过时，这就是为什么现代工业文明与野蛮时代有如此惊人的相似之处。因此，当报纸说《泰晤士报》是一份严肃的老保守党报纸时，它们已经过时了，它们的说法背后是舰队街[1]的说法。因此，当报纸说基督教教义正在崩溃时，它们已经过时了，它们的说法背后是酒馆顾客的说法。在这个意义上，萧伯纳一直保持着一种非常激动人心的与时俱进之感。他把别人没有引进剧院的东西引进了剧院，即外面街上的东西。剧院是这样的，它骄傲地让一辆双轮马车穿过舞台，自认为是现实主义，而外面的人都在吹着口哨叫出租车。

在这方面，考虑一下萧伯纳带着多少真实发生的事情闯进了剧院，这又是一件无比美好的事。日报和晨报还在严肃地解释现代战争对火药的依赖程度；《武器与人》则解释了现代战争对巧克力的依赖程度。每一出戏剧和报纸都把教区牧师描述为温和的保守党人；而《康蒂妲》抓住了一个现代牧师，他是一个先进的社会主义者。无数的杂志文章和社会喜剧都说这个获得解放的女人新奇而狂野；只有《难以预料》这部剧足够年轻，看得出她已经

---

1 舰队街是英国伦敦市内一条著名的街道，以邻近的舰队河命名。一直到 20 世纪 80 年代，舰队街都是传统上英国媒体的总部，因此被称为英国报纸的老家。今日舰队街依旧是英国媒体的代名词，即使最后一家英国主要媒体路透社的办公室也在 2005 年搬离舰队街。

老了，也受人尊敬了。每一份漫画报纸都在讽刺没受过教育的暴发户；只有《人与超人》的作者对现代世界了解得足够多，才会讽刺那些受过教育的新贵——斯特拉克可以引用博马舍的话，尽管他不知道这个名字的发音。这是萧伯纳的第二个真实而伟大的成就——把世界带入舞台，就像把河流引入奥吉亚斯的牛圈[1]一样。他把干草市场的一些东西放进了干草市场剧院[2]。他允许一些关于斯特兰德家族的传闻进入斯特兰德剧院。哲学中各种各样的解答就像数学中那样愚蠢，但人们可能会正当地为解答中的各种内容而感到自豪。人们可能会说，在萧伯纳之后，只要能让一部戏剧变得体面、有趣、切题，什么东西都可以引入戏剧。一个人的健康状况、他童年时的宗教信仰、他对音乐的鉴赏力或他对烹饪的无知，如果与某一主题有关，都可以生动地表现出来。士兵可以提到军粮，也可以提到骑兵；更好的是，牧师可以在提到宗教的同时提到神学。做哲学家就是这样，把整个宇宙带到舞台上。

最后，他消灭了愤世嫉俗者。为了公众的利益，他比任何人

1　古希腊神话中关于英雄赫拉克勒斯的传说。奥吉亚斯（**Augeas**）是古希腊西部厄利斯（**Elis**）的国王。他有一个极大的牛圈，里面养了 3000 头牛，三十年来未清扫过，粪秽堆积如山。赫拉克勒斯引来阿尔弗俄斯河和佩纳俄斯河的河水，把牛圈的大堆牛粪冲刷干净。

2　与后文的斯特兰德剧院均是伦敦的剧院。

都更加愤世嫉俗，以至于此后没有人敢为更小的事情真正地愤世嫉俗。在严肃的、有志的愤世嫉俗者的爆炸性之后，轻浮的愤世嫉俗者的小打小闹没能激起我们的热情。萧伯纳和我（我们一起变老了）还记得一个他的许多追随者所不知道的时代，那是一个真正悲观的时代。从1885年到1898年的岁月，就像一幢富丽堂皇、房间宽敞的别墅里的午后时光，茶点前的几个小时。他们只相信良好的举止，而良好举止的本质是掩饰打哈欠。打哈欠可以定义为无声的叫喊。当时那个年轻的悲观主义者在这方面所表现出来的力量，除了他以外，让每个人都感到惊讶。他打了个大哈欠，几乎吞下了整个世界，就像吞下了一颗不愉快的药丸，然后就永远安息了。萧伯纳最终也是最大的荣耀是，他不在这种人出现的圈子里。他没有被杀害（我不知道确切的原因），但他实际上变成了一个理想主义者萧伯纳。这并不是夸大其词。我在1898年认识了这些人，他们只是太懒了，不想毁灭宇宙。他们现在意识到不值得去废除某些监狱规定。在我看来，这种毁灭和转变似乎是某种伟大事物的标志。摧毁一种类型的人而不摧毁任何一个人总是伟大的。萧伯纳的追随者都是乐观主义者，其中一些很单纯，甚至用了乐观主义这个词。他们有时是相当乏味的乐观主义者，经常是非常焦虑的乐观主义者，偶尔，说实话，甚至是愤怒的乐观主义者，但他们不是悲观主义者。他们虽不能笑，却能欢腾。在他们中间，萧伯纳显得至少有些畏畏缩缩，摆出一副不可能的样子。像所有伟大的老师一样，他诅咒不育的无花果树。因为除了不可能是真正不可能的之外，其他没有什么是不可能的。

我知道这一切很奇怪。从八百年前或八百年后的视角来看，我们的时代看起来一定非常奇怪。我们称12世纪为禁欲主义时代，称自己的时代为享乐主义时代，充满了赞美和快乐。但在禁欲主义时代，人们对生活的热爱是明显而深厚的，因此必须加以克制。而在享乐主义时代，快乐程度总是很低，因此必须加以鼓励。在中世纪，人类的幸福之海涨得有多高，我们现在只有通过他们建造的巨大围墙才能知道。我们的孩子只有从这些非凡的现代书籍中才能了解到，在20世纪，人类的幸福程度下降了多少。这些书籍告诉人们，快乐是一种责任，生活其实并没有那么糟糕。除非人类中间不再出现快乐的人，否则永远不会出现乐观主义者。像斋戒一样强迫人们放假，用长矛驱赶人们去参加宴会，这是很奇怪的。但有一件事要记在我们的时代，就是当否定之精神攻占了最后的阵地，亵渎生命本身的时候，还有一些人，特别是还有一个人，他的声音能被听见，他的长矛永远锋利。

附录

萧伯纳年谱

一八五六年 一岁

萧伯纳，七月二十六日生于爱尔兰都柏林辛格街三十三号。父亲乔治·卡尔·萧当过法院的小官吏，收入微薄；离开法院后，合伙做面粉批发生意，因为不善经营，濒于破产。母亲卢辛达·伊丽莎伯·歌里是个钢琴家和歌唱家。

一八六六年 十岁

阅读莎士比亚戏剧、司各特和狄更斯的小说、班扬的《天路历程》以及《天方夜谭》《圣经》等等。

一八六七年 十一岁

入都柏林韦斯利教派学校（现称韦斯利学院）念书，入学前已学过不少拉丁文法。从韦斯利教派学校转入中央模范学校，学习约七个月后，再转入都柏林英文科学与商业走读学校。

一八七〇年 十四岁

熟识并能歌唱亨德尔、莫扎特、贝多芬、门德尔松、罗西尼、贝利尼等西方著名作曲家的一两种重要音乐作品。

一八七一年 十五岁

离开学校，进都柏林乌尼雅克·汤森地产公司。在《公众舆论》杂志和《游艺》杂志各发表一封信，阐明自己的无神论观点。

一八七六年 二十岁

四月，辞去汤森地产公司的职位，离开都柏林去伦敦。

一八七九年 二十三岁

在伦敦爱迪生电话公司工作了几个月。

短期代音乐家范达勒尔·李在《大黄蜂》杂志上写音乐评论。完成第一部长篇小说《未成年时期》。

加入了在伦敦的两个辩证学会，即考求者学会和贝德福德学会，经常在会上发表演说，参加辩论。

一八八〇年 二十四岁

完成第二部长篇小说《无理之结》。

一八八一年 二十五岁

完成第三部长篇小说《艺术家的爱情》。患天花病。

一八八二年 二十六岁

完成第四部长篇小说《卡舍尔·拜伦的职业》。

九月，听美国经济学家亨利·乔治（1839—1897）的演讲，对他在《进步与贫困》一书中提出的通过土地国有化来消灭贫困的空想计划深感兴趣。在不列颠博物馆的阅览室里阅读《资本论》的法文译本，开始研究社会主义理论，并积极参加社会主义运动。

一八八三年 二十七岁

完成第五部长篇小说《业余社会主义者》。成为社会主义宣传家，经常发表演说。

一八八四年 二十八岁

九月五日参加成立于同年一月的费边社。成为这个社会主义团体的积极分子、主要演说家和小册子作者。不久被选为费边社执行委员会委员。

一八八五年 二十九岁

与苏格兰评论家、戏剧家威廉·阿彻合作，根据一个法国剧本的情节负责改写一部英语新戏剧的第一、二幕。这部作品没有发表。

四月，父亲乔治·卡尔·萧在都柏林逝世。

一八八六年 三十岁

开始为《世界杂志》周刊撰写关于艺术、绘画和戏剧的评论。《卡舍尔·拜伦的职业》一书初版问世。

一八八七年 三十一岁

在五月三十一日出版的《帕尔·马尔公报》上发表了一篇评论英国小说家、讽刺作家塞缪尔·巴特勒的著作《运气或灵巧》

（1887）的论文，批评达尔文和巴特勒的进化论观点。后来时常为该杂志撰写书评。

一八八八年 三十二岁

开始在《明星日报》上以笔名"科诺·迪·巴西托"撰写音乐评论，持续了两年。《业余社会主义者》一书初版问世。

一八八九年 三十三岁

开始研究并提倡挪威杰出戏剧家易卜生的新戏剧。易卜生的代表作《玩偶之家》第一次在伦敦上演。

主编《费边论丛》一书，撰写该书的第一篇论文，题为《社会主义的基础：经济》。

一八九〇年 三十四岁

在《世界杂志》周刊以笔名"G.B.S."撰写音乐评论，持续了四年。在费边社的集会上发表一篇关于易卜生新戏剧的演讲。

一八九一年 三十五岁

完成并出版论文集《易卜生主义的精华》。

在费边社的集会上发表题为《无政府主义的不可能性》的演讲，后来以费边社小册子的方式发表。

一八九二年 三十六岁

发表《费边社：完成的工作和工作方法》和《一八九二年费边社竞选宣言》。

完成第一个社会问题剧《鳏夫的房产》。剧本演出引起轰动。

六月，发表宣言，主张成立工人政党。

一八九三年 三十七岁

一月，独立工人党正式成立。

在伦敦社会人士讨论易卜生主义和"新女性"的高潮中，为独立剧院编写有关时事问题的喜剧《花花公子》。下半年完成第二个社会问题剧《华伦夫人的职业》，该剧因揭露卖淫问题，被英国查禁三十一年之久。

一八九四年 三十八岁

在二月份出版的《双周评论》上发表一篇题为《钢琴的宗教》的论文，文中指出英国诗人雪莱和德国作曲家瓦格纳都是素食主义和喝白开水的门徒，同时也是妇女独立运动的拥护者。

完成两部"令人愉快的戏剧"《武器与人》《康蒂姐》，上演后获得好评。

《音乐在伦敦，1890—1894》（三卷）出版问世。

一八九五年 三十九岁

为英国传记作家佛兰克·赫理斯主编的《星期六评论》撰写戏剧评论，持续了四年，在新闻界和戏剧界以文笔犀利、见解独到著称。

完成第三个"令人愉快的戏剧"《风云人物》。该剧于一八九七年才初次上演。开始经常和英国著名女演员艾伦·特里通信，讨论有关戏剧和艺术的问题。完成论文《艺术的健全性》。

一八九六年 四十岁

在费边社的集会上遇到未来的夫人夏洛特，两人志同道合，时常晤面。

秋初完成第四个"令人愉快的戏剧"《难以预料》。

一八九七年 四十一岁

完成情节剧《魔鬼的门徒》。该剧上演后轰动一时，也是开始创作戏剧以来第一次获得经济上的成功，收入版税八百五十英镑。

当选为圣潘克拉斯镇议会议员。

一八九八年 四十二岁

患足疾，离开伦敦去萨里疗养，辞去《星期六评论》的职务。开始有计划地出版自己所创作的戏剧。为《人物周刊》撰写关于宗教信仰的文章。"令人不愉快的戏剧"和"令人愉快的戏剧"分别出版单行本。完成历史剧《恺撒与克利奥佩特拉》。完成并出版论文《最忠实的瓦格纳信徒》。论文《艺术的健全性》问世。

与夏洛特结婚。

一八九九年 四十三岁

完成戏剧《布拉斯庞德上尉的转变》。

舞台协会和爱尔兰文艺剧院正式成立。舞台协会（一个人数有限的戏迷组织，可以上演被戏剧审查官禁演的戏剧）演出《难以预料》一剧。

《魔鬼的门徒》于九月二十六日正式在英国演出，受到戏剧界人士的重视。

一九〇〇年 四十四岁

舞台协会演出《布拉斯庞德上尉的转变》一剧。完成《给清教徒的戏剧》序言。完成并出版第一种费边小册子《费边主义和英帝国》。

一九〇一年 四十五岁

根据长篇小说《卡舍尔·拜伦的职业》的情节，以无韵诗体写成《可敬的巴什维尔》一剧。

一九〇二年 四十六岁

一月五日，《华伦夫人的职业》在舞台协会的支持下，首次在新抒情俱乐部的剧院非正式上演。

一九〇三年 四十七岁

完成《人与超人》和序文，第一次提出"生命力"的哲学理论。

辞去圣潘克拉斯镇议会议员职位。

一九〇四年 四十八岁

以进步派的资格参加伦敦郡议会议员竞选，结果失败。

完成《市区贸易常识》一书，为市政上的社会主义辩护。出版《费边主义和财政何题》一书。完成《英国佬的另一个岛》一剧，在考特剧院首次上演。

一九〇五年 四十九岁

《华伦夫人的职业》一剧在美国纽黑文首次上演。《人与超人》和《芭芭拉少校》在考特剧院上演。

完成《芭芭拉少校》和《热情、毒药与硬心肠》两剧。完成独幕喜剧《他怎样对她的丈夫说谎》。完成论文《给评论家的忠告》。

购买在阿约特·圣劳伦斯的乡间别墅。

一九〇六年 五十岁

《医生的困境》一剧完成后即在考特剧院上演。

离开爱尔兰三十年后第一次回故乡。夫人同行。

艾伦·特里在《布拉斯庞德上尉的转变》一剧演出中扮演塞西莉·维恩弗利特夫人一角。

法国著名雕塑家罗丹为萧伯纳塑像。

一九〇七年 五十一岁

论文《最忠实的瓦格纳信徒》由西格弗里德·特里比奇译成德文出版。

九年前创作的历史剧《恺撒与克利奥佩特拉》在萨伏伊剧院首次上演。一年内，十一个剧本，包括《难以预料》，在萨伏伊剧院连演七百零一场。

出版《戏剧论文集》。《英国佬的另一个岛》和《芭芭拉少校》两剧的合订本在美国纽约出版。

一九〇八年 五十二岁

完成《结婚》一剧。

标准版本的《主要评论文集》（包括《艺术的健全性》）出版。

一九〇九年 五十三岁

完成《布兰科·波斯内特的出现》一剧。该剧被英国戏剧审查官查禁，未能在伦敦上演，改在爱尔兰都柏林的艾比剧院上演。

完成《剪报》《迷人的弃儿》和《现实一瞥》三剧。

一九一〇年 五十四岁

完成《十四行诗中的深肤色的女子》和《错姻缘》两剧。

一九一一年 五十五岁

辞去任职二十七年的费边社执行委员会委员职位。

完成《芳妮的第一个剧本》。该剧上演后大受欢迎。为夫人和圣约翰·汉金合译的法国作家尤金·白里欧的《白里欧三戏剧》一书作序。

一九一二年 五十六岁

完成《安德鲁克里斯与狮子》《匹格梅梁》和《威压》三剧。《华伦夫人的职业》一剧在法国演出八十场。

一九一三年 五十七岁

完成《凯瑟琳女皇》。该剧立即在轻歌舞剧院上演。

为《易卜生主义的精华》的新版本补充材料并作新序。

第一次世界大战前夕，在《每日记事报》发表论文《军备和征兵：一个反对战争的三方同盟》，表示反对战争。

二月，母亲逝世。

一九一四年 五十八岁

四月，《匹格梅梁》在国王剧院正式演出。

八月四日，第一次世界大战爆发。

十一月，论文《关于这次战争的常识》作为《新政治家》杂志的增刊发表，后来出版单行本。

一九一五年 五十九岁

完成《获得维多利亚十字勋章的奥弗莱厄蒂》和《奥古斯塔斯尽了本分》两个短剧。

一九一六年　六十岁

完成《秘鲁塞勒姆的酋长》一剧。以三年多的时间完成代表作《伤心之家》。

一九一七年　六十一岁

年初，应英军总司令的邀请视察西部战场，从三月五日起在《每日纪事报》上发表一系列战地报道。

一九一八年　六十二岁

为三月出版的《伊顿评论》创刊号撰写一篇论文，评论有关自由的问题。为《教育年鉴》作序。

一九一九年　六十三岁

完成《伤心之家》一剧的序言。发表《和平会议提案》。为《每日先驱报》和《每日新闻》等报刊撰写评论数篇。《伤心之家》《凯瑟琳女皇》《获得维多利亚十字勋章的奥弗莱厄蒂》《秘鲁塞勒姆的酋长》《奥古斯塔斯尽了本分》和《安娜简斯加》五剧的合订本在伦敦出版。

一九二〇年　六十四岁

完成《吉达的赎罪》一剧。

一九二一年　六十五岁

完成长剧"变种生物学五部曲"《千岁人》（又名《回到玛土撒拉》）。为《民族》杂志写书评。《伤心之家》在考特剧院上演，备受好评。

一九二二年　六十六岁

为《最忠实的瓦格纳信徒》一书的新版本作序。

一九二三年　六十七岁

完成历史剧《圣女贞德》。

一九二四年　六十八岁

《圣女贞德》在伦敦出版，并在伦敦新剧院正式上演，受到观众的热烈欢迎。《华伦夫人的职业》在英国戏剧审查官撤销查禁后，在伦敦正式上演。

一九二五年　六十九岁

获得诺贝尔文学奖。决定将奖金捐献给英国－瑞典文学基金会，作为奖励瑞典文学作品英文译本的基金。

一九二六年　七十岁

在一次庆祝会上致词，认为感到自豪的不是自己在文艺上的成就，而是作为英国工党的创建人之一所进行的政治建设事业。

一九二八年　七十二岁

完成并出版《给智慧女性的社会主义和资本主义指南》一书。

一九二九年　七十三岁

完成政治狂想剧《苹果车》，该剧在莫尔文戏剧节首次演出。在广播电台做关于民主政治问题的广播演讲。

一九三〇年 七十四岁

为《费边论丛》新版本作序。十一月十四日在艺术工作者协会发表关于戏剧创作的演讲。

一九三一年 七十五岁

完成第二个政治狂想剧《真相毕露》。克里斯托弗·圣约翰编的《艾伦·特里与萧伯纳通信集》在伦敦正式出版。

与夫人应邀访问苏联，在苏联逗留了九天。

《作家评论集》《我们九十年代的剧院》和《我关于这次世界大战的真正言论》三书出版。

一九三二年 七十六岁

《真相毕露》在莫尔文戏剧节首次上演，后来在伦敦新剧院上演。

出版《短篇小说与杂文集》《费边社会主义论文》两书。

十二月，与夫人夏洛特启程做环球旅行，到过南非。

一九三三年 七十七岁

二月十七日晨，与夫人夏洛特到达上海，逗留一天。上午十时半，宋庆龄上船迎接。上岸后访问中央研究院院长蔡元培。中午应邀去宋庆龄住宅午宴，出席、作陪的有蔡元培、鲁迅、杨杏佛、林语堂、艾格妮丝·史沫特莱和伊罗生等。下午二时半，去世界学院出席世界笔会中国支会的欢迎会，座中有蔡元培、鲁迅、杨杏佛、叶恭绰、林语堂、邵询美、张歆海、梅兰芳、谢寿康、洪深、唐瑛等。欢迎会后，再回到宋庆龄住宅，接见中外记者。在接见中外记者时，批评英国的教育制度，赞扬苏联，认为共产主义在苏联已经取得很大的成功。当天还曾前往视察"一·二八"淞沪战役的遗址。晚六时返回原船，十一时离沪北上赴秦皇岛，然后转车去北京访问。

路过香港时，于二月十三日下午对香港大学的学生说："如果你们在二十岁的时候不做红色的革命家，那么，你们到五十岁时就要变成不可救药的僵石；如果你们在二十岁的时候成为红色的革命家，那么，你们在四十岁的时候就不会落伍。"

应上海《时事新报》特派记者之约，在香港发表一篇《告中国人民书》，宣称："中国人民如能一心一德，敢问一世界孰能与之抗衡？"

四月十一日抵达美国，在纽约逗留一天，应邀在美国政治学会的集会上发表演说，批评资本主义国家的政治。

完成《乡村求爱》和《加莱市的六个自由民》两剧。完成《触礁》，该剧在莫尔文戏剧节首次上演。完成中篇小说《黑女求神记》。

秋，《真相毕露》《乡村求爱》和《触礁》三剧，各附序言，编成合订本出版。

一九三四年 七十八岁

与夫人去新西兰旅行。在途中开始撰写《意外岛上的傻子》和《女百万富豪》两剧。《乡村求爱》和《加莱市的六个自由民》两剧正式上演。

一九三五年 七十九岁

六月，被授予伦敦市自由民的荣誉称号。

完成并上演《意外岛上的傻子》一剧。

一九三六年 八十岁

撰写《国王、宪法和夫人》一文，在伦敦《标准晚报》上发表。完成并上演《女百万富豪》。

与夫人去太平洋各地旅行，经过巴拿马运河时开始撰写《日内瓦》一剧。

一九三七年 八十一岁

完成《重写辛白林第五幕》一剧。

《意外岛上的傻子》《加莱市的六个自由民》和《女百万富豪》三剧的标准版本在伦敦出版。

一九三八年 八十二岁

完成《日内瓦》一剧。该剧律莫尔文戏剧节首次演出，后来在伦敦萨维尔剧院上演。

患恶性贫血症，医治后痊愈。十月，去德罗威奇疗养。

一九三九年　八十三岁

完成《好国王查理二世治下的黄金时代》一剧，该剧在莫尔文戏剧节首次上演，第二年在伦敦新剧院上演。

第二次世界大战爆发。

一九四三年　八十七岁

夫人因病逝世。

一九四四年　八十八岁

完成并出版《大众政治指南》。

一九四六年　九十岁

在无线电台做了一次广播演讲。

八月，被授予都柏林市自由民和圣潘克拉斯镇自由民的荣誉称号，"萧伯纳九十寿辰纪念册"（书名为《九十岁的萧伯纳：论萧伯纳的生平和作品》）在英国和美国同时出版。纪念册的执笔者为英国桂冠诗人约翰·曼斯斐尔德、小说家和历史学家赫伯特·威尔斯，爱尔兰诗人、剧作家邓萨尼爵士，英国贝纳尔教授等文化界、学术界知名人士二十七人。

一九四七年　九十一岁

完成《波扬家的亿万浮财》一剧。

一九四八年　九十二岁

完成《牵强附会的寓言》一剧。

一九四九年 九十三岁

《波扬家的亿万浮财》在伦敦上演。出版《自我素描十六幅》一书。完成木偶剧《莎萧之战》。

一九五〇年 九十四岁

撰写《她为什么拒绝了》一剧，未完成。

十月，在住宅的花园里劳动，修剪树枝，从树上摔了下来，造成大腿骨折，在医院手术后回家疗养。不久患急性肾炎，于十一月二日逝世。当天晚上，全世界剧院停止营业，舞台灯光熄灭，以示哀悼。

出版说明

　　本书根据英国著名思想家切斯特顿1909年出版的 *George Bernard Shaw*（New York: John Lane Company）原文翻译，力图做到对原作原汁原味呈现。作者不拘泥于平铺直叙的生平记录，而是以爱尔兰人、清教徒、进步派、评论家、剧作家、哲学家六个形象概括了萧伯纳一生的几个面向，鞭辟入理地分析了萧伯纳所受的时代影响和他本人的思想，也对莎士比亚、班扬、尼采等人做了简要评论，其中有些观点可谓是大胆的尝试。希望本书的出版能为萧伯纳研究提供学术上的支持。